디아스포라의 고백들

지은이 조동범

1970년 경기도 안양에서 태어나 중앙대 대학원 문예창작학과 박사과정을 졸업했다. 2002년 〈문학동네신인상〉을 받으며 작품 활동을 시작했다. 시집으로 『심야 배스킨라빈스 살인사건』, 『카니발』 등이 있으며 산문집 『나는 속도에 탐닉한다』를 펴냈다. 동국대, 추계예대, 강남대, 협성대 등에서 강의를 했다. 현재 중앙대, 한신대, 서울예대 문예창작학과와 백석대 국어국문학과에 출강중이며 계간 『시인시각』 편집위원으로 활동하고 있다.

디아스포라의 고백들

1판 1쇄 인쇄_2011년 09월 10일
1판 1쇄 발행_2011년 09월 20일

지은이_조동범
펴낸이_양정섭

펴낸곳_작가와비평
등 록_제2010-000013호
주 소_경기도 광명시 소하동 1272번지 우림필유 101-212
블로그_wekorea.tistory.com
이메일_wekorea@paran.com

공급처_(주)글로벌콘텐츠출판그룹
대 표_홍정표
기획·마케팅_노경민 주재명
디자인_김미미
경영지원_최정임
주 소_서울특별시 강동구 길동 349-6 정일빌딩 401호
전 화_02-488-3280
팩 스_02-488-3281
홈페이지_www.gcbook.co.kr

값 11,000원
ISBN 978-89-97190-04-1 03810

※ 이 도서의 국립중앙도서관 출판시도서목록(CIP)은 e-CIP홈페이지(http://www.nl.go.kr/ecip)와 국가자료공동목록시스템(http://www.nl.go.kr/kolisnet)에서 이용하실 수 있습니다.(CIP제어번호: CIP2011003432)

디아스포라의 고백들

조동범 평론집

작가와비평

머리말

지난 몇 년간 발표한 글을 묶는다. 이 책에 담긴 글은 그동안 읽어온 시에 대한 기록의 일부분이다. 시인들의 여정을 따라가며 만난 세계의 아름답고 처연한 풍경은 그 자체로 우리 시의 다채로운 국면이자 재현이었다. 이 책은 시인들의 다양한 목소리를 오롯이 담아내려는 노력의 결과물이기도 하다. 필자는 어떠한 편견도 없이 다양한 시적 세계를 수용하고자 노력했다. 전위로부터 서정의 영역에 이르기까지 편견 없이 아우르고자 했다.

시의 언어는 정처 없는 우리 삶의 상처와 결핍으로부터 비롯되는 것일지도 모른다. 상처와 결핍이 드러내는 시의 발화 방식은 제각각 다르지만, 그것으로부터 시의 세계가 열린다는 점은 변하지 않는다. 결국 시와 시인은 상처와 결핍을 짊어지고 끝없이 떠돌 수밖에 없는 운명이다. 그런 점에서 시의 세계와 시인의 운명은 디아스포라의 세계와 다르지 않은 것이다.

이 책은 디아스포라의 정처 없음과 같은, 시적 여정에 대한 기록이며 동시에 시의 언어가 전하는 은밀한 고백이기도 하다. 감춰진 시의 세계를 호명한 것은 필자이지만 각각의 시편들은 이미 그 자체로 상처와 결핍에 대한 고백을 전해준다. 시가 드러내는 고백의 언어를 통해 우리는 상처와 결핍이 주는 정서적 충만을 경험하게 되며, 그것은 시를 읽으며 얻게 되는 소중한 기쁨이다.

제1부는 박상순·황병승·이민하·김경주·최승호·기형도 등의 시와 콜테스의 희곡을 분석한 글로 이루어져 있다. 특히 기형도의 시를 분석한 글에는 『입 속의 검은 잎』에 수록된 작품을 시집 출간 이전의 초고와 비교함으로써 기형도 시 언어의 변모를 파악하기도 했다.

제2부는 계간평과 시집 서평을 중심으로 묶었다. 계간평과 시집 서평을 통해 독자들은 생생한 우리 시의 현장과 만날 수 있을 것이다. 전위와 서정, 원로 시인의 작품부터 신예의 작품에 이르기까지, 열린 시선으로 작품을 바라보았다.

제3부는 개별 시편에 대한 단평이다. 개별 시편에 대한 분석적인 글을 통해 작품에 대한 구체적인 의미를 살펴보고자 했다.

그동안 발표한 원고를 정리하며 되돌아보니 분석적인 글쓰기가 독인 것만은 아니었다는 생각이 들었다. 언제나 창작자로서의 자의식을 가장 중요하게 생각했지만, 비평적 태도를 통해 좀 더 객관적인 시선을 유지할 수 있었다. 아울러 적극적으로 작품을 찾아 읽게 된 것도 의미 있는 소득이었다. 마감 때마다 나를 고민하게 만들었던 작품과 그 작품의 시인들에게 감사의 마음을 전한다. 내가 그들에게 좋은 독자였는지는 모르겠지만 최선을 다한 독자였다고는 말하고 싶다. 이 책이 나오기까지 조언과 배려를 아끼지 않은 김정남 형과, 여러 어려움 속에서도 흔쾌히 출간을 결정해주신 〈글로벌콘텐츠출판그룹〉의 홍정표 사장님과 〈작가와비평〉 양정섭 이사님의 후의에 특별히 감사드린다.

2011년 여름

조동범

목 차

제3부

제1부

추상적 여백의 세계와 비극적 상징의 숲

-박상순의 시[1]-

입구

여기, 언어가 있다.

시인의 발성인 언어는 문자를 통해 하나의 기호가 되고 기호가 지니는 외연은 언제나 그것이 포괄하고 있는 내부의 상징을 지향한다. 하여, 시인의 언어는 기표를 통해 상징의 세계로 날아가고, 상징이 된 언어는 다양한 기의가 되어 폭넓은 외연을 구축한다. 시인의 언어는 언제나 다양한 지평과 지향점을 통해 자신의 세계를 추구하고 완성한다. 그러나 시인의 언어는 상징이 내포하

1) 이 글은 지금까지 출간된 박상순의 세 권의 시집을 대상으로 하고 있다. 첫 번째 시집 『6은 나무 7은 돌고래』(민음사, 1993), 두 번째 시집 『마라나, 포르노 만화의 여주인공』(세계사, 1996), 세 번째 시집 『Love Adagio』(민음사, 2004) 등이 그것이다.

고 있는 유사성을 통해 유형화된 것이기도 하다. 그렇기 때문에 유사성과 차이를 전제로 한 시의 언어는 언제나 명백하며 동시에 모호하다.

여기, 하나의 언어가 있다.

해체된 시적 세계와 의미의 낯선 영역을 지향하는, 시적 상징의 긴장으로 가득한 언어가 있다. 주지하다시피 박상순은 해체된 시적 세계를 지향하는 시인이며 그가 드러내는 세계는 상징의 극단을 향해 나아간다. 이것은 명백한 사실이다. 이와 같은 '명백한 사실'은 널리 알려진 것이지만 그의 시를 읽는다는 것은 언제나 이러한 '명백한 사실'을 전제로 해야 한다.

박상순의 시는 해체된 세계를 지향한다는 점에서 추상의 영역에 있는 것이지만 해체된 세계의 비약과 간극을 통해 드러난다는 점에서 비어 있는 여백의 지점을 마련하기도 한다. 그러나 이때 나타나는 여백은 동양화의 그것과는 다른 것이다. 박상순의 여백은 동양화와는 달리 추상의 세계 속에 드러나는 비약과 간극으로 기능하기 때문이다. 추상 미술은 색과 면의 충만으로만 이루어진 것이 아니다. 추상표현주의 화가인 샘 프란시스가 관심을 기울여 왔던 것처럼 서양의 미술 작품 역시 여백을 중요하게 다루기도 하였다. 서양화의 여백의 공간은 추상의 영역과 함께 상상력의 영역을 극대화하는 장치로 기능했다. 박상순의 시가 지니는 추상과 여백의 관계도 이와 같은 특성을 보여주고 있다. 이것은 박상순의 시가 재현하는 이미지가 동양화의 특성보다는 서양화의 특성과 맞닿아 있기 때문이다. 박상순은 그로테스크한 이미지를 통해 환상과 시적 긴장감을 극대화한다. 이렇게 만들어진 박상순 시의 이미지는 동양적 구상의 세계보다는 서양의 추상적 세계와 맞닿아 있다. 그렇기 때문에 박상순 시에 등장하는 여백은 동양화의 여백이 아니라 서양화의 여백으로 이해할 수 있다. 그로테스크한 이미지로 충만한 박상순의 시는 시적 이미지 사이에 추상표현주의 미술 작품에서와 같은 여백의 공간을 배치한다.

추상표현주의 화가 샘 프란시스의 작품과 같은 서양화의 여백은 추상의 공간 안에 실제로 존재하지만 언어로 이루어진 시의 경우에는 언어의 외부에 존재할 수밖에 없다. 따라서 박상순의 여백은 기술된 언어 안에 존재하기보다는 기술되지 않은, 언어의 외부에 자리한다. 여백이 언어의 외부에 존재하기 때문에 박상순 시의 여백의 공간은 그로테스크한 이미지에 묻혀 버릴 가능성이 많다. 그러나 정황과 정황의 간극을 염두에 둔다면 박상순 시의 여백이 언어의 외부에서 실체를 가지고 있음을 어렵지 않게 감지할 수 있다.

샘 프란시스는 "내 그림에서 중요한 것은 그려진 것이 아니라 그려지지 않은 것이다. 흰색은 파란색보다 더 중요하기까지 하다"고 밝힌 바 있다. 박상순의 시에서 여백이 중요하게 기능하는 이유를 여기에서 찾을 수 있다. 박상순의 시는 정황이 주는 낯선 장면으로 인하여 시적 감흥이 전개되곤 한다. 그의 시에 등장하는 낯선 장면은 일상적인 장면과 충돌을 일으키거나 낯선 정황들 간의 충돌을 통해 상상의 공간을 확대시킨다. 박상순의 시는 그러한, 낯선 공간과 일상적 공간의 괴리나 낯선 정황들 사이의 간극에 내재하는 여백을 유발시킨다. 이러한 여백을 통해 박상순은 낯선 상상력의 공간을 극대화하는 것이다. 그래서 박상순 시의 여백은 언어의 외부에 존재하여 실재하지 않음에도 불구하고 시적 이미지를 구조화하는 중요한 역할을 하게 되는 것이다. 이처럼 박상순 시의 여백은 색과 면으로 이루어진 추상적 정황의 비약과 간극을 통해 표현된다. 박상순은 하나의 영역 안에 다수의 분절된 추상의 세계를 마련하고 이것들의 비약을 통해 비어 있는 여백의 상징을 극대화하는 것이다. 따라서 박상순이 드러내는 비극적 인식의 공간은 여백을 내재하는 것이지만, 이때의 여백은 동양적인 것보다는 서양적인 것이며, 동시에 전근대의 것이라기보다는 근대 이후의 세계를 드러내는 것이다. 박상순이 보여주는 해체된 비극이 대체적으로 근대 이후의 문명과 자아의 문제를 다루고 있다는 점에서 그것은 당연하다.

그런 점에서 박상순의 여백을 탐문하는 일은 그의 시를 이해하는 중요한 여정이다. 그의 여백은 동양적 여백과는 달리, 추상의 세계를 극대화한다는 점에서 매우 중요한 시적 장치이기 때문이다. 그의 시가 비약과 간극의 텅 빈 지점인 여백을 통해 시적 상징을 극대화하기 때문에, 여백은 그의 시를 이해하는 지점이자 확대된 지평의 중심이 된다.

여백 혹은 해체된 세계의 아름다움

박상순이 드러내는 세계는 언제나 극단의 지점에 존재하는데, 그것은 기표와 기의의 관계에서뿐만 아니라 기표와 기표의 관계 양자에 있어서도 마찬가지이다. 박상순의 상징은 하나의 기표와 그것이 숨기고 있는 기의의 간극에서뿐만 아니라 각각의 기표와 기표 사이의 거리와 해체를 통해서도 나타난다. 이때 박상순이 드러내는 기표와 기의는 많은 부분 시각화되어 등장한다. 시각화는 파편화된 이미지에 불과한 것이라기보다는 구체적 국면을 재현할 수 있는 하나의(또는 여러 개의) 장면으로 이루어져 있다. 이때 재현된 각각의 장면이 기이한 풍광을 드러내는 경우도 있지만 지극히 사실적인 장면을 재현하는 경우도 많다. 그럼에도 불구하고 박상순의 시가 난해하게 여겨지는 것은 시각화된 기표와 기의 혹은 기표와 기표 간의 관계가 이질적인 충돌과 비약을 경험하기 때문인데, 바로 이와 같은 충돌과 비약의 텅 빈 공간 속에 놓인 것이 박상순의 시가 드러내는 추상적 세계 속의 여백이다.

A) 내가 세탁소 앞을 지날 때마다
세탁소 옆 석유가게는 문을 닫는다

내가 세탁소 앞을 지날 때마다
장대를 든 사내가 언덕에서 내려온다

—「세탁소의 봄」(『6은 나무 7은 돌고래』) 부분

B) 언제부터인지 오후 2시에서 3시 사이에 한 사람씩 사라지기 시작했다. 그리고 또 언제부턴가 비가 수평으로 내리기 시작했다. 구름이 수직으로 흐르고 지붕은 쓸모없게 되었다.

—「마라나; 포르노 만화의 여주인공[1]」(『마라나, 포르노 만화의 여주인공』) 부분

C) 이제 나는 유리병, 동 파이프, 고무 벌레, 붉은 벽돌, 거미줄, 안개, 비상구, 접시, 세탁소, 푸른 항구, 불난 집, 가방, 끈 떨어진 꾸러미, 자동차, 사라진 구름, 발, 발, 발, 밤, 밤, 밤.

—「빨리 걷다」(『Love Adagio』) 전문

박상순은 A)의 경우처럼 하나의 세계 안에 낯선 지점을 놓음으로써 두 개의 기표가 빚어내는 충돌과 전이를 통해 상징의 외연을 확장시키기도 하고 B)에서처럼 낯설고 모호한 풍광을 제시

하여 상징을 드러내기도 하며, C)에서처럼 각각의 단절된 세계와 지점들이 하나의 작품 안에서 포괄적인 상징을 드러내기도 한다.

이때 A)는 세탁소라는 공간을 앞에 두고 "장대를 든 사내"를 등장시킴으로써, 각각의 이질적 대상들의 충돌을 통해 여백을 형성한다. 독자들은 "장대를 든 사내"를 둘러싼 모호한 여백을 통해 세탁소와 사내라는, 낯선 관계가 주는 여백의 상징을 찾아 나선다. B)의 경우는 "오후 2시에서 3시 사이에 한 사람씩 사라지"거나 "비가 수평으로 내리"고 "구름이 수직으로 흐르"는 기괴한 현실을 드러냄으로써 실제 현실과의 괴리감을 극대화하여 여백의 세계를 드러낸다. C)는 여백이 좀 더 적극적으로 개입된 예라고 볼 수 있다.

A)와 B)의 상징보다 C)의 상징이 난해한데, 그것은 시 안에 존재하는 연속된 세계의 존재 여부 때문이다. A)와 B)의 경우, 낯선 지점의 충돌과 제시를 통해 드러나기는 하지만 어느 정도 이해 가능한 공간에 놓여 있다는 점에서 일정 부분 유기적인 상징의 세계를 획득할 수 있다. A)의 경우, '나-세탁소-석유가게-장대를 든 사내'는 뜬금없고 낯선 기표의 충돌이지만 시적 대상들은 하나의 세계 안에서 연속적인 의미의 흐름을 이어간다. B) 역시 "오후 2시에서 3시 사이"라는, 현존하는 시간의 흐름 속에 드러난다. 그러나 C)의 경우는 연속된 세계를 근간으로 하고 있지 않기 때문에 각각의 시어는 각각의 의미로 분리되며 여백의 공간이 극대화된다. 이때 C)는 분리된 세계가 한데 어우러져 또 다른 의미를 지향한다. 결국 "유리병, 동 파이프, 고무 벌레, 붉은 벽돌, 거미줄, 안개, 비상구, 접시, 세탁소, 푸른 항구, 불난 집, 가방, 끈 떨어진 꾸러미, 자동차, 사라진 구름, 발, 밤" 등이 지시하는 상징은 개별화된 의미가 유기적으로 연결되어 의미를 형성하는 것이

아니라 그것들의 조합이 새로운 의미를 만드는 것이다. 즉, '유리병'은 유리병의 구체적이고 개별화된 상징을 나타내기보다는 관념이나 감정과 같은 포괄적인 '느낌'을 드러낸다. 이때 각각의 시어가 구체적인 의미를 드러내지 않아도 되는 이유는 모든 시어가 '나'와 연결되어 있기 때문이다. 결국 모든 대상은 '나'의 또 다른 모습이기 때문에 각각의 시어가 지니는 언어의 구체적인 의미나 시어와 시어가 드러내는 의미의 상호 작용보다 '나'와의 연결고리가 더 중요한 것이다.

이처럼 그의 시어는 시어간의 충돌을 야기함과 동시에 각각의 시어가 각각의 자리에서 고유한 영역을 확보하여 독립적으로 작용한다. 바로 이와 같은 독립적 영역의 연결되지 않은 부분이 여백인데, C)의 경우, 개별 대상은 서로 충돌하지 않고 영역 간의 비어 있는 곳을 통해 상징과 상상력의 극한을 드러낸다는 점에서 A)나 B)보다 여백의 효과가 더욱 크다.

박상순의 상징은 보편적인 시 문법에 기대어 일관된 주제를 향해 가는 것이 아니라 여백을 통해 상징과 의미의 내연을 확대한다. 그는 드러내지 않고 감춤으로써 여백의 상징이 드러나는 무한한 상징의 세계로 나아간다. 이처럼 박상순에게 언어라는 질료는 하나의 대상을 구체적으로 재현하는 도구가 아니라 대상을 해체하여, 조각난 풍광의 여백을 드러내는 도구가 된다. 박상순의 상징이 무한한 여백의 세계를 지향할 수 있었던 것은 그의 상상력이 그의 이전 세대의 시적 경향으로부터 빚진 바가 없기 때문이기도 하다. 시가 무엇을 위해 복무해야 하는 시대를 지나 맞이하게 된 것은 구체적인 주제를 위해 해체된 세계가 아니라 보이지 않는 내면과 불확실한 세계를 나타내기 위해 해체된 세계였다. 그런 점에서 박상순의 해체는 최근의 젊은 시인들이 보여주는 시적 경향과도 친화력을 보인다.

이때 박상순의 해체는 언어의 해체가 아니라 의미와 국면의 해체인데, 그런 점에서 그의 해체는 언어가 해체되어 드러나는 상징보다 모호한 경우가 많다. 언어가 해체된 경우, 해체된 언어의 낯선 인지 충격에도 불구하고 그 안에 내재되어 있는 의미의 상징계를 찾는 것은 그리 어렵지 않다. 그러나 대중적 상징이나 원형적 상징보다 개인적 상징을 통해 의미와 국면이 해체된 그의 언어는 소통보다는 단절을, 의미보다는 감각을 지향한다. 바로 여기에 박상순의 시를 읽는 고통과 즐거움이 있다.

Showing, 무의미 그리고 차연

차연은 일반적으로 시가 지니고 있는 특성과 부합하는 개념이다. 고정적인 의미를 부정하기 때문에 시적 상징과 밀접한 연관을 맺을 수밖에 없으며 그것은 박상순의 시에 있어서 더욱 중요한 개념으로 작용한다.

그러나 박상순의 시에 드러나는 차연은 텍스트의 의미가 고정적인 것이 아니라는 측면과, 다른 시어(단어)에 의해 그 의미가 모호(지연)해진다는 점에서 데리다의 차연과 같은 것이지만, 다른 단어에 의존적이라기보다 각각의 시어가 독자적인 영역을 확보하고 있다는 측면에서 차이성을 지니고 있다. 그래서 그의 시에 드러나는 시어는 차연의 보편적인 영역을 드러냄과 동시에 차별화된 지점을 확보하게 된다.

박상순의 시는 대상과 언어 자체에 관심을 기울이고 있다. 그에게 무엇인가를 '말'한다는 것은 관념과 진술로서가 아니다. 그는 다만 보여줄 뿐이고 그려낼 뿐이다. 그는 일체의 관념과 진술을 제거함으로써 시적 세계를 확장한다. 말하지 않고 보여줌으로써 대상은 우리의 관습적 인식으로부터 벗어나게 된다. 시의 언어에서 관념이 제거되었을 때, 시는 언어와 대상만 남게 된다. 이와 같이 관습을 벗어난 시적 대상은 당연히 고정적인 의미보다는 확대된 의미의 영역을 확보하게 된다. 그의 시가 차연을 통해 설명될 수 있는 것은 바로 이와 같은 이유 때문이며, 이때 그의 시는 언어와 대상 그리고 그 사이의 간극에 존재하는 여백만 남게 되기 때문에 그것 자체로 한껏 부풀어 오른 상징이 된다.

> 첫번째는 나
> 2는 자동차
> 3은 늑대, 4는 잠수함
>
> 5는 악어, 6은 나무, 7은 돌고래
> 8은 비행기
> 9는 코뿔소, 열번째는 전화기
>
> 첫번째의 내가
> 열번째를 들고 반복해서 말한다
> 2는 자동차, 3은 늑대
>
> 몸통이 불어날 때까지
> 8은 비행기, 9는 코뿔소
> 마지막은 전화기

숫자놀이 장난감
아홉까지 배운 날
불어난 제 살을 뜯어먹고

첫번째는 나
열번째는 전화기

—「6은 나무 7은 돌고래, 열 번째는 전화기」(『6은 나무 7은 돌고래』) 전문

'첫번째는 나'이고 '열번째는 전화기'이다. 그리고 2부터 9까지의 숫자는 각각 '자동차, 늑대, 잠수함, 악어, 나무, 돌고래, 비행기, 코뿔소'이다. 왜 "첫번째는 나"이고 열번째인 마지막은 전화기인가? 처음은 시적 화자인 나이고 마지막은 소통을 의미하는 전화기인 것인가? 하여, 소통을 꿈꾸는 '나'의 이야기인가? 그렇다면 나머지 숫자와 시어가 의미하는 바는 무엇인가?

각각의 숫자와 시어의 의미를 문자의 외적인 형태를 통해 분석하고자 한 예가 있었고 그것은 어느 정도 타당한 것이기는 했지만 그러한 해석을 통해 이 시의 의미를 밝히는 것에는 무리가 따른다. 이 시의 상징 중에서 유의미한 것은 첫번째와 열번째의 '나'와 '전화기'이다. 나머지 대상을 지칭하는 것이 모두 아라비아 숫자로 표기된 데 비해 첫번째와 열번째만이 한글로 차별화되어 표기되었는데, 이때 등장하는 '나'와 '전화기'는 소통을 꿈꾸는 자아의 모습에 다름 아닌 것이다. 나머지 대상은 아라비아 숫자와 연결시킴으로써 개별화된 의미를 드러내기보다는 '나'를 드러내는 다양한 국면을 의미하게 된다. 이때 아라비아 숫자는 단순한 순서의 개념이 강한 것이기 때문에 특정한 의미를 지향하지 않는다. 이 시에서 의미가 발생하는 지점은 첫번째인 '나'와

열번째인 '전화기'이며 나머지 부분은 앞서 언급한 「빨리 걷다」에서처럼 의미가 아닌, 감각과 느낌만이 존재하는 무의미를 통해 의미가 발생하는 지점을 보조한다. 박상순이 드러낸 상징은 때로는 이처럼 무의미를 지향함으로써 의미를 확보한다. 이러한 무의미가 하나의 군락을 이루게 되었을 때, 박상순이 드러낸 인물과 대상은 시의 전체적인 개념과 조우하여 의미를 형성하게 되며, 그것은 다의성을 지니게 된다. 「6은 나무 7은 돌고래, 열 번째는 전화기」에서 역시 숫자와 대상이라는 무의미가 군락을 이루어 '나'와 '전화기'와 결합함으로써 의미를 만들어낸다.

의미를 보조하는 박상순의 무의미는 의미가 없음으로 인해 수없이 많은 1 : 다(多)의 관계를 형성하며, 이것은 곧 차연을 통해 의미를 확립한다. 바로 이 지점에 이르러 등장하는 것이 바로 수없이 많은 시적 정황과 정황 사이의 여백이다. 그러나 박상순의 시가 무의미나 차연 혹은 여백을 지향한다고 해서 그의 시에 드러나는 시어가 무조건 다른 어떤 것으로 대체될 수 있는 것은 아니다. 하지만 대체적으로 그의 시에 나타난 언어와 의미의 관계가 다른 시인의 그것보다 유연한 것은 부인할 수 없는 사실이다. 또한 박상순의 시에 사용된 시어는 위의 예에서처럼 자유롭게 대체될 수 있는 것이기도 하고, 보편적인 문장이나 단어의 의미나 성분으로부터 비교적 자유로운 것이기는 하지만 전적으로 의미를 무화시키지만은 않는다. 박상순의 시가 지니고 있는 시어의 의미 없음 역시 우리에게 익숙한 대중적, 원형적 상징으로부터 완벽하게 자유로울 수 없기 때문이다.

> 나는 오직 나만을 사랑했다. 나를 닮은 모든 것을 잘라냈다. 나의 누이, 나의 형제, 나의 어린 아버지, 나를 닮은 증명사진, 내 양말, 나

의 장갑, 모든 것을 잘라냈다. 나는 거대한 바위였다. 톱날이 잘린…… 그래서 나는 웅덩이가 되었다…… 울고 있는 나의 누이, 외눈박이 내 형제, 풍선을 든 나의 어린 아버지, 나의 거울, 나의 문, 내 하늘과 붉은 구름. 내 곁의 모든 것을 웅덩이에 처넣었다. 가위도 처넣었다. 웅덩이 속에.

나는 오직 웅덩이만을 사랑했다. 닭털을 든 나의 누이, 닭발을 든 나의 형제, 솜사탕을 핥아먹던 나의 어린 아버지, 누이의 눈, 형제의 팔, 아버지의 손가락이 웅덩이를 떠다녔다. 닭발처럼 떠다녔다. 나의 양말, 내 장갑, 내 모자를 틀어쥔 잘려진 닭발들이 웅덩이 속을 떠다녔다.

나는 오직 닭발들만 먹었다. 닭발을 입에 문 한 마리 낙타였다. 나는 오직 나만을 사랑하는 거대한 웅덩이였다. 웅덩이를 끌고 가는 한 마리 낙타였다. 허공에 내 무덤을 마련해 둔 한줌의 닭털이었다. 바늘을 든 네가 나에게로 다가와, 내 크고 검은 눈동자 속에 주사바늘을 꽂기 전까지

—「나는 오직 나만을 사랑했다 I」(『6은 나무 7은 돌고래』) 전문

전환된 성(性)의 모습을 통해 자아의 문제를 언급하고 있는 이 시에 나타난 상징은 대중적, 원형적 상징의 보편적인 개념을 차용하고 있다. 이 시에 드러난 자아는 '나'와 '나를 닮은 모든 것'이며 이것은 자아와 또 다른 자아의 대립을 보여주는 것이다. 그리고 이 시의 주체적인 자아인 '나'는 전환된 성을 꿈꾸는데 이때 사용된 성적 이미지인 남성성과 여성성의 이미지는 낯설지 않은 것이다. '양말, 장갑, 바위, 가위, 풍선, 닭발, 솜사탕, 모자, 낙타,

바늘'은 남성성의 상징이며 웅덩이는 주지하듯 여성성의 상징이다. 박상순은 시집 곳곳에 이러한 상징을 드러냄으로써 여백의 난해함으로 들어가는 독자들에게 단초를 제공하고 있다.

비극의 모습: 자아 그리고 빵공장

비극은 박상순의 시 세계를 관통하는 주된 시적 모티프이다. 근대 이후의 삶을 형상화하는 박상순의 시가 비극을 지향하는 것은 자연스러운 일이다. 근대 이후의 문명사회와 그 안에 있는 자아는 이미 비극적 정서를 함의하고 있는 존재이기 때문이다. 그렇기 때문에 비극의 모습이 추상적 국면과 여백의 공간을 통해 드러나는 것 역시 자연스럽다. 그의 시에 드러나는 여백은 그래서 동양화가 전하는 운치와 여유가 아닌, 비극적 추상이 전달해주는 섬뜩함을 지니고 있다.

> 나는 뒤통수를 맡긴 채
> 거울 속에 허옇게 앉아 있었다
>
> —「이발소의 봄」(『6은 나무 7은 돌고래』) 전문

> 나는 내 몸 속에 갇혀 있다. 내 몸 속에서 나는 하루도 빠짐없이 나의 우상과 만난다. 나의 우상(偶像)은 나를 만날 때마다 자신의 모습을 바꾸어 왔다.
>
> —「나는 더럽게 존재한다」(『6은 나무 7은 돌고래』) 부분

> 나에게 두 사람이 있었다. 두 사람은 날마다 공동묘지에 갔다. 한

사람은 무덤을 파고 다른 한 사람은 죽은 자의 이름을 돌조각에 새기며 함께 지냈다.

—「별이 빛나는 밤」(『6은 나무 7은 돌고래』) 부분

누군가 내 짐들을 자꾸
공원 잔디밭에 옮겨놓아요

내가 잠든 사이에
나마저 그곳에다 옮겨놓아요

—「붉은 체크무늬의 외투를 뒤집어쓴 태양」(『마라나, 포르노 만화의 여주인공』) 전문

겨울. 기차는 나를 싣고 뚱뚱한 어둠 속에 놓여 있었습니다. 발이 시려워. 발이 시려워! 두 귀를 꼬옥 막고 나는, 몸 속으로 울리는 내 목소리를 듣고 있었습니다.

—「빵공장으로 통하는 철도로부터 21년 뒤」(『마라나, 포르노 만화의 여주인공』) 부분

세 번째 시집에 이르러 비극적 정서가 상당 부분 제거되기는 했지만 여전히 그의 시는 비극을 함의하고 있다. 박상순 시에 드러난 비극은 대체적으로 상처받은 자아를 통해 발현된다. 그의 시에 등장하는 자아인 '나'는 시적 세계의 외부에 있다. 이때 상처받은 자아인 외부의 '나'는 시적 공간의 내부에 주도적으로 등장하는 다른 인물로부터 외면당하는 존재이다. 그러나 그것은 자아와 타자의 대결구도가 아니라 자아와 또 다른 자아의 대결구도이며 외부에 존재하는 갈등이 아니라 자신의 내부로부터 비롯된 갈등이다.

또 다른 자아를 맡기고 자아를 잃어버리는 「이발소의 봄」을

비롯하여 그의 시는 두 개의 자아의 불화가 자주 나타난다. 그것은 '나'와 '내 몸 속의 우상'(「나는 더럽게 존재한다」)이거나 '나'의 안에 동시에 존재하는 '두 사람'(「별이 빛나는 밤」)이거나, '내 집'과 '나'라는 두 개의 자아나 "몸 속으로 울리는 내 목소리"를 듣는 '나' 등과 같이 유폐된 자아와 그러한 자아를 비극적으로 인식하는 자아의 모습으로 표현된다. 그러나 이와 같은 자아의 대결구도는 세 번째 시집에 이르러 전작에 비해 횟수와 강도가 잦아든다. 그리고 시인은 그동안 관심을 기울여온 언어와 대상에 더욱 집중한다.

박상순은 세 번째 시집 『Love Adagio』에서 "이제 나는 유리병, 동 파이프, 고무 벌레, 붉은 벽돌, 거미줄, 안개, 비상구, 접시, 세탁소, 푸른 항구, 불난 집, 가방, 끈 떨어진 꾸러미, 자동차, 사라진 구름, 발, 발, 발, 밤, 밤, 밤"(「빨리 걷다」) 이라고 밝히고 있다. 자아의 불화가 주된 정서로 등장하는 첫 번째 시집과 두 번째 시집과 달리, 세 번째 시집을 통해 시인은 자아를 외부의 객관적 대상에 투영시킴으로써, 그가 관심을 기울여온 언어와 대상이라는 세계를 향해 보다 적극적으로 진입하게 된다.

비극성이 잦아든 박상순의 시는 그로 인해 건조한 여백의 공간을 펼쳐 보인다. 첫 번째 시집과 두 번째 시집에서 드러난 적나라한 비극이 다분히 자극적인 여백의 공간을 만들었다면, 세 번째 시집이 드러내는 여백은 잦아든 비극만큼이나 건조한 공간을 만들게 된다. 비극성이 잦아든 언어는 간결해짐과 동시에 여백의 상징을 건조하게 만들어 버리는데, 이때 시의 영역 안에는 언어와 시적 대상만이 남기 때문에 상징은 더욱더 난해함을 지향하게 된다.

또한 박상순이 보여주는 비극은 '빵공장'을 통해 빈번하게 확인할 수 있는데, '빵공장'은 박상순의 시 전편을 관통하는 중요한 지점이다. 세 번째 시집에 수록된 '빵공장' 연작은 한 편에 불과하지만 등단 이후 지속적으로 언급했다는 점에서 주목할 만하다. 빵공장이 그에게 이상과 비극의 동시다발적인 공간이라는 것은 널리 알려진 사실이다. 그러나 시인이 '빵공장'을 통해 보여주고자 했던 것은 '빵'과 '공장'의 관계나 그것을 통해 나타난 '이상'과 '비극'으로 제한되지 않는다.

A) 훔친 구두를 신고
훔친 가방을 메고
소풍을 갔다

(…중략…)

풀밭 위에 앉아서 도시락을 먹었다
선생님은 구두를 먹고
아이들은 내 찢어진 반바지와 바구니를
김밥처럼 먹으며

내게 말했다
구두에게 말했다
바구니에게 말했다

- 너, 집에 가!

—「빵공장으로 통하는 철도로부터 6년 뒤」(『6은 나무 7은 돌고래』) 부분

B) 잘 가세요. 그 여자는 물 속에서 다시 떠오를 거예요. 당신의 빵공장엔 아직도 사람이 살고 있나요? 기차가 지나가고 있나요?

—「빵공장으로 통하는 철도로부터 22년 뒤」(『마라나, 포르노 만화의 여주인공』) 부분

C) 한 시간 전에 약국에서 왔습니다. 그냥 소화제를 샀지요. 긴말은 하지 않았습니다. 안경을 쓴 약사가 흰 봉투에 넣어 주었습니다. 약값은 냈습니다. 거스름돈도 잘 받았습니다.

그냥 소화제지요. 다른 약은 아닙니다. 식빵 한 봉지도 샀습니다. 약국 옆이 바로 빵집입니다. 소화제 두 알 먹고 거울 한번 쳐다보고 TV 앞에 앉아보니 빵 봉지가 두 개입니다. 한 봉지만 가져왔을 뿐인데.

그것도 그냥 식빵입니다. 정말 한 봉지만 샀습니다. 채 한 시간도 지나지 않았습니다. 모자를 쓴 제빵공도 옆에 있었습니다. 끈 달린 종이봉투에 담아왔지요. 그렇지만 나는 그냥 TV를 켭니다. 내일은 맑답니다.

(…중략…)

내일은 또 맑답니다. 한 시간 전에 약국에서 왔습니다. 그냥 소화제를 샀지요. 긴말은 하지 않았습니다. 안경을 쓴 약사가 흰 봉투에 넣어 주었습니다. 내일은 연주회에 갈 겁니다. 오늘은 월요일. 저녁입니다.

—「빵공장으로 통하는 철도로부터 23년 뒤」(『Love Adagio』) 부분

A)에서 박상순은 훔친 가방과 구두를 신고 소풍을 갔다는 것을 통해 우리 삶에 이미 내재해 있는 비극을 말한다. 그에게 소풍인 우리 삶은 처음부터 훔친 가방과 구두를 통해 이루어진 것이기 때문이다. 그리고 “풀밭 위에 앉아서” 나의 ‘구두’와 “찢어진 반바지와 바구니”를 먹는 선생님과 아이들은 ‘나’와 나의 ‘구두’와 ‘바구니’에게 “너, 집에 가!”라고 말하는데, 그것은 세계로부터 소외된 자아의 모습에 다름 아니다. 박상순은 ‘빵공장’으로 향하기 이전의 비극적인 ‘나’를 말함으로써 ‘빵공장’에 도달하기 전에 경험하게 되는 근원적인 비극에 주목한다.

또한 B)의 경우는 ‘빵’을 만드는 공간에 이미 사람과 기차가 부재함을 말하고 있다. ‘빵공장’이 비록 공장이라는 비극 위에 이루어진 빵(희망)의 세계지만 그래도 그곳은 시인이 결코 놓을 수 없는 ‘빵’의 세계임에 분명하다. 하지만 시인의 지향점인 ‘빵’의 세계에는 사람도, 그곳을 향하던 기차도 사라지고 없다. 그리고 C)에 이르러 ‘빵공장’의 세계는 소화조차 하지 못하는 공간으로 전락한다. 맑은 세계에서는 연주회가 열리지만 그 세계는 소화조차 시킬 수 없는 비극적 세계이다. 하여, 소화제가 필요한 세계이지만 소화제만으로는 주체적으로 현실을 극복할 수 없는 것이다. 그리고 그러한 소화제 역시 의식적으로 사는 것이 아니라 습관적으로 “그냥” 사는 것에 불과하기 때문에 비극적 삶을 벗어날 여지는 전혀 보이지 않는다. 바로 여기에 시인이 인지하고 있는 비극의 극단이 드러난다.

첫 번째 시집에서 세 번째 시집에 이르는 동안 ‘빵공장’은 이처럼 비극적 세계와 조우하고, ‘빵공장’의 자아는 철저하게 소외되고 좌절한다. 그래서 그의 ‘빵공장’에는 ‘피 묻은 반바지’나 ‘울음’과 같은 비극적 정서가 빈번하게 등장한다. 하지만 시인이 비극을 드러내는 태도는 애써 태연하다. 박상순은 자신의 감정을 숨기고 시적 대상과 이미지를 그저 보여줌으로써, 관념을 제거하고 비극을 객관화한다. 아울러 태연한 시인의 태도는 텅 빈 여백의 공간과 어우러지면서 객관화된 정서를 유발하고, 그것을 통해 비극을 극대화한다. 이때 객관화된 비극으로서의 대상과 이미지는, 잔혹 동화의 한 장면을 떠올리게 하는 박상순의 시에 미적 긴장감을 유발시키기도 한다.

출구

여기 언어가, 하나의 언어가 있다.

그 언어는 모호한 의미와 단절된 세계 사이의 여백으로 가득하다. 시인이 만든 모호함은 물론 의도된 것일 수도, 아닐 수도 있다. 그러나 분명한 것은 시인의 모호함은 알 수 없음으로부터 연유한 것이 아니라 처음부터 이것이어도, 저것이어도 좋은 것이다. 바로 거기에 추상적 세계 사이에 놓인 박상순의 여백이 존재한다. 개별적 추상이라는 모호함과 그것들의 관계를 통해 드러나는 여백은 처음부터 확정된 의미를 지향한 것이 아니었으며 동시에 비어 있는 것이었다. 그것은 A여도 상관없고 B나 C 혹은 D여도 상관없다. 처음부터 그의 시어는 언어와 대상의 실재적 의미를 전면에 내세우고 있으니까 말이다. 시인의 실재적 의미는 시에 드러나는 대상의 특정한 상징을 한정짓지 않는다. 그것은 그저 열려 있는 것이며, 그저 보여줄 뿐이다.

남 * 태 * 평 * 양

등장인물 A, 등장인물 B, 등장인물 C, 등장인물 D
사건 A, 사건 B, 사건 C, 반전 A
결말 A

배경 A, 심리 B, 상황 C, 메모 D
남자 A, 여자 B, 작가 C, 편집자 D
카프카 A, 헤밍웨이 B, 버지니아 울프 C, 시인 D

(…중략…)

남 * 태 * 평 * 양
늙은 내 어머니의 결혼식. 웨딩드레스. 한여름 밤의 꿈
남 * 태 * 평 * 양
꿈이라고 기록한 내 짧은 소설. 끝없는 바다
지겹도록 푸른 바다. 내 영원한 사랑의 식인 요리사

붉은 고래
검붉은 고래

—「남태평양의 붉은 고래」(『Love Adagio』) 부분

A가 있고 B가 있고 C가 있고 D가 있다. 그것은 등장인물이었다가 사건이었다가 반전이나 결말이 된다. 수 없이 많은 A와 B와 C와 D의 존재가 등장한다. 바로 이것이 오늘에 이른 박상순이 지향하는 세계이다. 이제 박상순은 시적 대상 자체에 집중함으로써 시적 지평을 넓히고자 한다. 그래서 그는 세 번째 시집에 이르러 관념과 의미를 탈색시킨 대상에 더욱 집중한다. 이제 그의 시

에 드러난 자아는 무화된 존재가 되고 무의미는 극대화되어 무한히 열린 의미의 바다로 진입하게 된다. 바다는 충만한 물의 세계이기도 하지만 비어 있는 세계이기도 하다. 박상순의 여백은 이처럼 비어 있는 세계이면서 동시에 가득 차오르는 세계이다. 그것이 어떤 것으로 채워진 것인지, 혹은 채워질 것인지는 아무도 모른다. 다만 그곳에는 무수히 많은, 그러나 그 어느 것도 지칭하지 않는 A와 B 혹은 C와 D의 세계가 있을 뿐이다. 넓디넓은 남태평양에 살고 있는 한 마리 붉은 고래처럼.

거울 안의 세계와 거울 밖의 실체

—황병승, 이민하, 김경주의 시[1]—

거울을 향한 시의 언어들

이곳에 내가 있고, 거울 안의 그곳에, 또 다른 내가 있다.

거울은 흔히 자아와 세계가 투영된 문학적 장치로 사용되어 왔다. 거울을 통해 재현된 세계는 원래의 세계를 원형대로 반영함과 동시에 이면에 감춰진 낯선 풍경과 의미를 제시한다. 그런 점에서 '거울'은 세계를 이편과 저편으로 나누고, 자아와 세계의 분리된 지점을 조명한다. 거울을 통해 재현되는 이미지가 이러한 속성과 밀접한 연관을 맺고 있다는 점은 널리 알려진 사실이고,

---

1) 이 글은 황병승 시집 『여장남자 시코쿠』(랜덤하우스중앙, 2005), 『트랙과 들판의 별』(문학과지성사, 2007)과 이민하 시집 『환상수족』(열림원, 2005), 『음악처럼 스캔들처럼』(문학과지성사, 2008) 그리고 김경주 시집 『나는 이 세상에 없는 계절이다』(랜덤하우스중앙, 2006), 『시차의 눈을 달랜다』(민음사, 2009)를 대상으로 했다.

실제로 많은 문학 작품은 거울의 이러한 상징을 이용하여 의미를 구축했다. 하지만 그동안 문학 작품 속에 나타난 거울의 이미지와 상징은, 작가의 작품 세계 전반을 포괄적으로 아우르는 것이 아니었다. 그러나 이천 년대 이후에 등장한 젊은 시인들의 경우는 작품 안에 거울의 이미지와 상징을 보다 적극적으로 사용하고 있다. 그들은 거울이라는 소재를 직접 사용하는 것뿐만 아니라 거울이 사용되지 않은 경우에도 거울로부터 파생된 문학적 의미와 장치를 이용하는 경우가 빈번하다. 이것은 그들이 거울을 단순히 소재 차원에서 다루지 않는다는 점을 보여준다. 이들 젊은 시인들에게 거울은 시인 자신을 투영하는 대상이 된다.

거울에 대한 이와 같은 태도는 근래의 시적 경향과 밀접한 연관을 맺고 있는데, 특히 전위적인 시의 경우에 흔히 나타나는 자아의 문제나 환상성이 거울의 투영 이미지와 깊은 상관관계를 갖는다. 자아의 문제를 다룰 때 흔히 시 안에는 실재하는 자아와 그것이 투영된 또 다른 자아가 등장한다. 이때 사용되는 상징이 바로 거울의 이미지이다. 시인은 거울을 통해 또 다른 자아를 목도하게 된다. 그러나 이와 같은 두 개의 자아가 거울만을 통해 재현되는 것은 아니다. 이천 년대 이후의 전위적 감각의 시인들에게 뷰리뒤 자아의 문제는 거울이 아닌 경우에도 쉽게 감지된다. 거울이 등장하지는 않더라도 그들 시에 나타난 두 개의 자아나 분리된 세계는 거울에서와 같이 이편과 저편으로 세계를 나누고 구조화한다.

또한 이러한 자아의 문제뿐만 아니라 거울은 환상성이나 다른 세계로 전이되는 시인의 감각을 실재화하는 장치이다. 당연히 앞에서 언급한 것과 같이, 이와 같은 시적 경향 모두가 거울을 전면에 내세운 것이라고 한정지을 수는 없다. 하지만 이러한 시적 경향의 기저에 거울을 통해 감지할 수 있는 시적 특성이 깔려 있음을 부정할 수는 없다. 결국 그동안의 문학 작품에 나타난 거울이 투영이라는 단편적인 의미를 주로 사용하였다면, 최근 시의 경우는 보다 다양하고 적극적으로 거울의 상징과 의미를 사용하고 있다고 볼 수 있다. 특히 이천 년대 전후에 등단하여 전위적인 시를 쓰고 있는 시인들에게는 거울을 근간으로 하고 있는 세계가 시세계를 구축하는 중요한 요소가 된다. 그리하여 거울은 낯익은 것이지만 더 이상 낯익은 것이 아닌, 낯선 세계와 감각을 만들어 낸다.

거울을 통해 마주하게 되는 대상은 익숙한 것이지만 사실 낯선 것들이다. 거울을 통해서 우리는 비로소 '나'라는 실체와 대면할 수 있다. 거울을 바라보기 이전의 '나'는 실재하는 나이지만 스스로는 결코 바라볼 수 없는 존재이기 때문이다. 거울을 통해서 나의 얼굴을 바라볼 수 있을 때라야 나라는 실체는 구체적인 형태를 지닌 존재로 인지된다. 거울의 이러한 특성은 '나'뿐만 아니라 다른 대상의 경우에도 마찬가지이다. 거울은 우리가 바라보는 세계를 원형 그대로 재현하지만 거울의 시선은 나의 시선과 반대 지점에 놓임으로써 나와는 다른 지점을 볼 수밖에 없다. 그렇기 때문에 거울 안의 세계는 거울 밖의 세계의 전혀 다른 부분을 통해 낯선 감각을 제시하게 된다. 그것은 최근 시의 환상성과도 연관이 있는 문제이다. 이천 년대 이후에 대두된 환상성은 실재하는 대상을 다루고 있지만 대상의 낯선 지점을 호명하여 낯설고 기이한 감각을 극대화한다는 점에서 거울의 이러한 지점과 맞닿아 있기도 하다. 그리하여 전위의 감각으로 무장한 시인들의 눈은 시적 대상에 대해 육체의 눈과 동일한 시선을 던지지 않는다. 이제 시인의 눈은 거울의 그것이 되어 상상력과 환상을 통해 새로운 전위의 감각을 드러낸다.

당신이라는 이름의 실체와 거울 속의 당신: 황병승의 경우

황병승의 '거울'은 거울 안의 자아를 탐문해가는 과정이다. 그는 자신의 뒤통수와 항문을 바라보려고 하는 것과 같이(「커밍아웃」, 『여장남자 시코쿠』), 거울 안에 투영된 또 다른 자아를 찾고자 노력한다. 시적 화자인 나의 시선이 닿을 수 없는 「커밍아웃」의 뒤통수와 항문은 나이면서 동시에 내가 아닌 대상이기도 하다. 현실의 나와 거울 안의 내가 분리된 것처럼, 「커밍아웃」의 나라는 실체와 나의 뒤통수와 항문은 분리된 존재들이다. 황병승의 시에 나타나는 자아는 이와 같은 분리를 반복적으로 경험한다. 분리된 시적 화자의 실체는 자아의 세계와 온전한 합일을 이룰 수 없다. 이때 두 개의 자아는 결핍을 경험하게 되는데, 그리하여 시인은 자아와 분리된 대상이 느끼는 외로움을 고통스럽게 바라보게 된다.

> 거울 앞에 서서 어느 외로운 외야수를 생각해요
> 느리게 느리게 허밍을 하며…… 오후 네시,
>
> —황병승, 「이파리의 저녁식사」(『여장남자 시코쿠』) 부분

> 여자는 오늘도 집에 없었다
> 한 잔 가득 찬 우유를 따라 마시고
> 거울 앞에 서서 어느 코미디언의 한물간 제스처를 흉내내었다
> 거울 속의 남자가 빨간 루주로 X표를 쳤다

(…중략…)

곧 겨울이었다

컹 컹 컹 어디선가 흰 이빨들이 날아와

베개를 물고 놓아주지 않았다.

—황병승, 「앵무새」(『여장남자 시코쿠』) 부분

거울을 통해 분리된 자아는 중심이 아닌 외곽에 놓여 있으며 거울 안의 세계와 자아는 거울 밖의 세계로 나올 수 없는 존재들이다. 그래서 거울 안의 세계는 거울 밖의 세계를 원형 그대로 재현한 세계임에도 불구하고, 거울 밖의 세계로부터 유폐된, 소외된 세계라는 원형적 특성을 지닐 수밖에 없다. 거울은 대상을 투영할 뿐이고, 투영된 세계는 대상 자체가 될 수 없다. 투영된 세계인 거울 안의 세계는 본질로부터 분리되어 있기 때문에 결코 대상과 합일될 수 없는 비극성을 원죄로 지니고 있는 것이다. 그렇기 때문에 「이파리의 저녁식사」에 등장하는 거울 앞의 시적 화자는 '외야'에 놓여 있을 수밖에 없는, 외로운 존재이다.

「앵무새」에 등장하는 여자 역시 외부의 세계에 놓인 소외된 자이다. "거울 앞에 서서 어느 코미디언의 한물간 제스처를 흉내내"는 그녀를 통해 우리는 중심에 진입하지 못한 비극적 존재와 마주하게 된다. 그러나 황병승의 시에 나오는 자아는 거울 안의 세계에 있는 존재뿐만이 아니라 거울 밖의 실체 역시 비극적 세계를 경험한다.

나의 진짜는 뒤통순가 봐요

당신은 나의 뒤에서 보다 진실해지죠

당신을 더 많이 알고 싶은 나는

얼굴을 맨바닥에 갈아버리고
뒤로 걸을까봐요

나의 또 다른 진짜는 항문이에요
그러나 당신은 나의 항문이 도무지 혐오스럽고
당신을 더 많이 알고 싶은 나는
입술을 뜯어버리고
아껴줘요, 하며 빠끔빠끔 항문으로 말할까 봐요

부끄러워요 저처럼 부끄러운 동물을
호주머니 속에 서랍 깊숙이
당신도 잔뜩 가지고 있지요

(…중략…)

부끄러워요? 악수해요

당신의 손은 당신이 찢어버린 첫 페이지 속에 있어요

—황병승, 「커밍아웃」(『여장남자 시코쿠』) 부분

앞서 언급한 바와 같이, 거울이 등장하지는 않는 「커밍아웃」의 세계는 거울을 통해 분리된 세계처럼 분절되어 있다. '나'가 바라볼 수 있는 세계인 실재하는 세계는 곧 거울 밖의 세계이며 '나'가 바라볼 수 없는 세계는 거울 안의 세계이다. 황병승이 바라보고 있는 세계는 이처럼 거울의 원형을 차용하고 있다. 이러한 시적 경향은 황병승에게서만 나타나는 것은 아니다. 이천 년대 이후의 전위적인 시에 흔히 나타나는 분리된 자아의 세계는 이처럼 거울의 상징과 의미를 함의하고 있는 경우가 많다. 「커밍아웃」의 시적 주체인 '나'와, '나'의 또 다른 자아인 "뒤통수"와 "항문"은 시적 주체의 눈을 통해 구분된다. 이때 시적 주체인 시인, 혹은 화자의 눈은 거울의 역할을 수행한다.

황병승은 「커밍아웃」을 통해 분리된 자아와의 합일을 꿈꾸지만 눈이라는 거울을 통해 분리된 두 개의 자아는 서로의 세계에 들어설 수 없다. 그러나 황병승은 "당신의 손은 당신이 찢어버린 첫 페이지 속에 있어요"라고 밝힘으로써 분리된 두 개의 자아가 사실은 하나의 존재 안에 있었던 것임을 보여준다. 두 개의 자아는 하나의 내부로부터 분리되어 고통을 겪고 있지만 결국 그것이 합일을 이룰 수 있는 지점이 시적 주체의 외부에 존재하지 않음을 말한다. 하지만 현대의 지점에 놓인 자아가 태생적으로 끊임없는 분열을 경험하는 존재임을 감안한다면, 하나의 내부에 존재하는 두 개의 자아가 합일되는 것은 쉽지 않다. 그래서 시인은 "지금은 거울 속의 수염을 들여다보며 비밀을 가질 시기"(「코코로지의 유령」, 『트랙과 들판의 별』)라고 말한다. 시인은 같은 시에서 "봄이 되면 또 나는 비밀을 가진 세상의 여느 아이들처럼/소리치며 공원을 숲길을 달릴 수 있겠지"라는, 세계와의 합일이라는 소망을 피력하지만 결국 "보시다시피, 지금은 겨울"이므로 자아의 합일과 세계와의 화해는 쉽지 않다.

비극, 잃어버린 거울의 세계: 이민하의 경우

거울을 부정적인 대상으로 인식하는 것은 새삼스러운 일이 아니다. 고대로부터 거울은 악마의 세계와 연장선상에 놓인 물건이기도 했다. 그런 점에서 시 속에 등장하는 거울의 세계가 부정적 세계를 나타내는 경우가 많다는 점은 그리 놀라운 일이 아니다. 이민하 시에 나타나는 거울 역시 부정적 이미지를 주조로 하여 비극적 세계를 표현한다. 이민하의 시가 보여주는 비극적 정서는 뒤틀린 현실을 포착하는 것으로부터 비롯된다. 이민하의 시선이 대상을 있는 그대로 보지 않고 비틀어버린다는 점에서 그녀의 거울은 삶의 비극과 동일시된다. 이렇게 포착된 비극적 정서는 세계를 바라보는 시인의 상상력과 맞물려 환상의 비극적 인식을 극대화한다. 이민하는 비극을 투영한 거울과 같은 세계를 시 안에 끌어들임으로써 상상력의 공간을 확대하고 시적 지평을 넓힌다. 그렇기 때문에 그의 시에 등장하는 삶은 거울의 안에서도, 거울의 밖에서도 언제나 고통의 순간과 맞닥뜨린다.

(1)

거울과 창 사이에 몸을 끼워 보겠니. (…중략…) 거울에 이는 파문. 잘게 떨리는 거울의 살 속으로 깊숙이 깊숙이 깊숙이 오른쪽 눈을 집어넣어 보겠니. 두 눈을 거울 속에 박아 넣고 몇 개비의 아가미를 헐떡여 보겠니 (…중략…)

(2)

미지근한 거울 속에 온몸을 집어넣어 봐. 몸뚱어리에서 아홉 개의 서랍이, 다시 서랍마다 아홉 개의 작은 서랍들이 열려 달그락거리지. (…중략…) 카나리아 모가지가 반쯤 나온 서랍. 재빨리 닫아도 가시지 않는 악취. 두 눈을 찌르겠지. 지우개로 꽉 찬 서랍을 열어. 두 눈을 먹이로 주겠니.

(3)

오른손으로 왼팔을 잡아늘려 거울 밖으로 빠져나와 볼래. 길어진 왼쪽 팔로 벽에 올라 시계 바늘을 멈춰 보겠니. 벽을 타고 내려오면 열대나무로 자란 어머니. 가지마다 자둣빛 성기들을 매달고 있어. 과즙이 흐르는 하나를 떼어 입에 물겠지. 떨어뜨리겠지. 창 밖으로 굴러떨어진 자둣빛 성기. 달리는 차바퀴에 으깨지잖니. 연어알이 분수처럼 치솟잖니. (…중략…) 다시 거울 속에 드러누워 봐. 서랍들이 일제히 깊은 잠에 빠지고 있어. 거울의 찢어진 살이 당신을 삼킨 채 아물고 있는 게 보이니.

—이민하, 「거울놀이」(『환상수족』) 부분

「거울놀이」의 시적 화자는 거울과 창의 사이에 존재하거나, 거울의 밖에서 거울 안으로 들어서거나, 거울의 안에서 거울의 밖으로 빠져나온다. 화자가 어느 지점에 있든 화자는 고통의 상태에 놓여 있다. "거울의 살 속으로 깊숙이" "오른쪽 눈을 집어넣"거나 "두 눈을 거울 속에 박아 넣고 몇 개비의 아가미를 헐떡이는" 존재는 고통의 정점을 향해 치닫는다. 「거울놀이」의 시적 화자는 거울의 고통으로부터 벗어날 수 없다. 거울이 고통임에도 불구하고 그것이 놀이이기 때문이다. 거울이라는 고통 혹은 부정적인 것이 놀이라는 긍정과 만나 비극적 정서를 극대화한다. 상반된 두 개의 정서의 충돌로 말미암아 「거울놀이」가 환기하는 비극은 과잉되거나 격앙된 고통을 드러내지 않고 대상과 적절한 시적 거리를 유지하게 된다. 거울 안으로 들어서는 고통과 비극은 오히려 차분하게 가라앉은 어조를 통해 건조한 정서를 만들고, 이러한 정서는 고요함이 전달하는 섬뜩한 장면을 연출한다.

일요일엔 거울을 삽니다. 협탁 위에 변기 위에 거울을 매답니다 서랍 속에 거울 속에도 거울을 매답니다 망치가 망가지면 다리를 잘라 종횡무진 두들깁니다 쿵쿵 쾅쾅 옆집에서 달려옵니다 이봐요 똑똑 건물을 무너뜨릴 작정인가요 유리거울 청동거울 손거울 백미러를 모조리 가져갑니다 꿈 속의 잠망경까지 빼앗긴 나는 깜깜하게 가위에 눌립니다.

—이민하, 「가위놀이」(『음악처럼 스캔들처럼』) 부분

무수히 많은 거울을 설치함으로써 시인은 거울에 투영된 세계를 바라보고 싶어 한다. 그러나 수많은 거울이 곧 바라보고자 했던 세계를 재현할 수 있는 것은 아니다. 거울을 통해 이루어지는 소통은 대상을 비추는 거울의 보편적인 속성으로부터 기인한 것이지만 거울에 투영된 세계는 물리적으로나 감각적으로 매우 제한적일 수밖에 없다. 거울은 현실 속의 실체를 있는 그대로 재현하지만 실체의 전 영역을 한 번에 담아 낼 수는 없다. 아울러 거울에 투영된 대상은 감정과 감각이 제거된 채 평면적이고 비극적인 시각 이미지만 남게 되기 때문에 대체적으로 부정적 인식을 동반한다. 그러나 이러한 부정적 인식에도 불구하고 시인이 부여잡을 수 있는 희망은 거울의 세계뿐이다. 그러나 시인에게는 거울의 세계마저 허락되지 않는다. 모든 형태의 거울을 빼앗긴 시인은 "꿈 속의 잠망경"마저 빼앗김으로써 마지막으로 남겨진 희망마저 잃어버리고 만다. 잠망경은 물 속에서 수면 위의 세계를 바라볼 때 사용하는 도구이다. 잠망경이 거울을 사용하는 도구이기도 하지만 수면 역시 거울과 같은 기능과 의미를 지니고 있다. 수면 아래와 수면 위의 세계가 거울 안의 세계와 거울 밖의 세계에서와 같이 분리를 내포하고 있기 때문이다. 거울의 안에서 거울 밖의 세계를 잠망경으로나마 바라보고 싶었던 시인은 그것을 빼앗김으로써 거울 밖의 세계와의 합일을 이루지 못하게 된다. 거울 속에 갇힌 시인은 빛이 사라진 거울 안의 세계에 남겨진다. 모든 희망은 차단되었고 종국에는 엄마로 대표되는, 마지막으로 남은 긍정의 세계마저 시인을 외면한다. 그럼으로써 시인은 비극적 거울이라는 세계 안에 갇히게 된다.

거울아 거울아
세상에서 제일 아름다운
엄마는 이제 너를 들여다보지 않네

—이민하, 「해피엔드」(『음악처럼 스캔들처럼』) 부분

이상한 나라의 거울과 추상: 김경주의 경우

거울이 재현하는 세계는 사실적이지만 그것은 추상성을 전제로 한다. 재현된 세계는 사실이지만 거울 안의 세계가 보여주는 것은 추상적 세계이기 때문이다. 거울을 통해 복제된 세계는 허상이므로 거울 안의 대상은 언제나 실체를 갖지 못한다. 김경주의 추상은 그것의 실체가 모호하다는 점과, 구체적 시적 국면이 확보되지 못한 상태에서 언어의 화려함이 유난히 부각되었다는 점에서 위태로워 보이기도 하지만 화려한 수사와 이미지가 보여주는 매력과 아름다움이 돋보인다.

김경주는 추상적 세계를 재현함으로써 매혹적인 이미지의 영역을 만들어낸다. 그가 사용하는 언어와 이미지는 몽환적이며, 추상화된 장면이 제시하는 세계를 통해 언어의 낯선 영토를 확장한다. 그리고 이러한 추상적 세계는 서정과 결합하여 아름다운 정서를 극대화시킨다.

> 나는 욕조에 눈을 담아 끓이는 계절에 태어났습니다
> 나의 눈에서 태어난 눈들은 모두 내가 태어난 계절의 새들이 되었을 겁니다 어쩐지 나는 자기 눈을 번식하기 위해
> 태어난 사람 같습니다 그게 나의 궁리라면
> 나의 욕조는 따스한 물로 커다란 거울을 안고 들어가
> 거울 속으로 사라져버린 날의 기후라고 불러도 좋습니다
>
> —김경주, 「너도 네 피 속으로 뛰어든 새를 보게 될 거야」(『시차의 눈을 달랜다』) 부분

> 거울 속으로 발이 사라져 버린 날엔
> 욕조로 들어가 잠들기로
> 아는 사람은 다 알지만
> 욕실 창문으로 눈이 내리는 날
> 욕조로 들어온 눈은
> 수면보다 깊이 내려간다
> 그걸 눈의 간헐이라 부른다
>
> —김경주, 「어느 몽상가의 욕조」(『시차의 눈을 달랜다』) 부분

위에서 제시한 두 시의 화자는 거울 안의 세계로 사라진다. 그러나 사라지는 화자는 분리된 두 개의 형태로 존재했던 자아가 아니다. 김경주의 화자는 거울에 투영된 또 다른 자아를 가지고 있지 않다. 단일한 화자가 거울의 밖으로부터 안으로 들어서는 모습을 통해 두 개의 세계가 전달하는 감각을 나타낼 뿐이다.

이민하의 경우와 마찬가지로 김경주는 거울 안으로 사라지는

날을 호명한다. 황병승이 거울의 안과 밖에서 각각 분리된 자아의 모습을 보았다면 이민하와 김경주는 거울 안으로 사라지는 자아의 모습에 주목한다. 거울 안으로 사라지는 자아는 단일한 자아이므로 그것은 애초에 분리된 상태가 아니었다. 이민하와 김경주의 시는 분리된 자아보다 거울의 안과 밖의 세계에 관심을 기울인다. 그들 시에 나오는 화자는 거울의 안이나 밖의 어느 지점에서 다른 지점을 향해 나아가는 존재들이다. 황병승의 자아가 거울을 중심으로 분리되어 있음으로 인하여 비극을 만들어낸다면, 이민하와 김경주는 분리된 거울의 세계를 펼쳐보임으로써 하나의 화자가 하나의 지점을 향해 갈 수밖에 없는, 시적 화자의 행보에 주목한다. 그러나 이민하와 김경주의 경우에도 차이는 존재한다. 이민하가 거울 안의 세계를 비극적인 것에 초점을 맞추어 바라보았다면 김경주 시에 나타난 거울 안의 세계는 부정을 전제로 하고 있지 않다. 물론 김경주의 시에 드러난 거울 안의 세계가 부정을 전제로 삼고 있지 않다고는 하지만 그렇다고 희망으로 가득 찬 정서를 보여주는 것 역시 아니다.

> 메아리는 바람 앞에서 인간이 하는, 유일한 인간의 방식이 아니랄까
> 어느 날 거울을 깨자 속에 있던 바람이 푸른 하늘을 향해 만발한다
> 그리고 누군가 내 얼굴을 더듬으며 물었다 우선 노래부터 시작하자고
>
> —김경주, 「바람의 연대기는 누가 다 기록하나」(『나는 이 세상에 없는 계절이다』) 부분

거울의 안으로 향하던 화자는 "어느 날 거울을" 깬다. 거울을 깨자 "속에 있던 바람이 푸른 하늘을 향해 만발한다". 김경주는 거울의 부정적 의미에 주목하기보다 거울의 상상력에 주목한다.

거울은 "온갖 종류의 '얼굴, 색, 닮음'을 흉내내서 우리의 환상적인 정신을 유혹"[2]하며 "상상력의 환상에 빠져"[3]들게 한다. 그런 점에서 사빈 멜쉬오르 보네의 글은 환상과 상상력이 거울의 부정적 이미지와 연결되어 있음을 밝히고 있다. 하지만 김경주의 거울은 환상을 포함한 추상이나 상상력 자체에 관심을 기울이고 있기 때문에 그것들이 지니고 있는 부정적 속성에 더 많이 주목하지는 않는다.

이민하가 거울의 부정적 이미지에 주목하여 환상과 상상력의 영역을 제시했다면, 김경주는 거울의 환상적 추상과 상상력 자체에 더 주목했다. 아울러 김경주 시에 제시된 비극은 화려한 수사와 서정에 희석되어 비극적 정조가 약화될 수밖에 없는 태생적 특성을 지니고 있다. 그렇기 때문에 김경주의 시가 보여주는 거울의 정서는 피가 난무하는 비극의 정서와는 일정한 거리를 유지한다. 하여, 이민하의 거울이 비극의 세계를 재현하게 된 것이라면 김경주는 추상성이라는 측면과 어우러지게 된다. 김경주 시의 추상성이 거울로 인해 나타난 것이라고 말할 수는 없다. 하지만 거울의 세계와 같이 실재의 너머에 존재하는 시적 공간은 김경주의 아름다운, 그러나 몽환적인 세계와 결합되면서 추상성을 전면에 드러내게 된다.

---

2) 사빈 멜쉬오르 보네, 『거울의 역사』, 에코리브르, 2001, 232쪽.

3) 위의 책, 232쪽.

거울로부터 걸어 나오는 시의 언어들

최근 시단에 불고 있는 자아와 환상성의 문제는 내부로 침잠할 수밖에 없는 현실을 반영한 결과이기도 하다. 정치성에 대한 논의가 활발히 전개되기도 했지만 근래의 우리 시는 외부의 이야기를 노래하기보다는 자아와 같은 내면의 추상적인 이야기에 더 많은 관심을 기울여 왔다. 그것은 물론 긍정적인 현상만을 의미하지 않는다. 말해야 할 외부의 이야기를 잃어버렸을 때 등장한 내면에 대한 추구는 자폐적 속성을 지니고 있을 가능성이 많기 때문이다. 이 자리에서 호명한 시인들을 비롯한 일군의 젊은 시인들 역시 자아라는 내면의 세계에 주목하고 있다. 물론 이러한 시인들의 시적 경향이 부정적인 것만은 아니다. 어쩌면 자아와 같은 내면을 향하여 집중하는 시적 태도는 모든 것이 일상이 되어 버린 현대의 당연한 결과일지 모른다. 그러나 구체적 삶의 국면이 부재하는 시의 세계가 위험해 보이는 것은 어쩔 수 없는 사실이다.

거울을 통해 최근 시의 흐름을 감지하려고 했지만 이 글은 거울이라는 문제에 국한된 것이 아니다. 거울은 단지 이들 시인의 경향을 대변하는 사소한 특성일 뿐이지 거울 자체가 이들 시를 규정짓는 것은 아니다. 하지만 거울이 분리된 자아의 문제나 비극성 그리고 환상과 상상력의 문제를 언급하기에 적절한 대상임은 분명하다. 환상성이나 자아의 문제가 거울이라는 소재를 통해 재현되기 때문이기도 하지만 그러한 시적 경향의 전반적인 특성이 거울의 등장과는 무관하게 거울의 속성과 맞닿아 있기 때문이다.

거울이 재현하는 세계는 사실적이지만 사실과 전적으로 같지 않으며, 거울의 밖에 존재하는 자아와 거울 안의 자아는 같은 모습을 지니고 있지만 결코 같은 대상이 아니다. 거울을 통해 복제된 세계는 진실이면서 동시에 허상이다. 그리고 시는 그러한 허상을 통해 현실 속에서 쉽게 감지해내지 못하는 비극성과 환상성을 찾아낸다. 원래의 대상이 지니고 있던 성격 중에서 특정한 부분만을 선택함으로써, 거울과 같이 분리된 세계를 근간으로 하고 있는 시인들은 선택과 배제라는 시적 원리를 실현한다. 거울 안의 세계는 거울 밖의 세계의 일부 밖에 보여주지 못하지만, 선택과 배제를 통해 만들어진 거울 안의 세계는 거울 밖의 세계가 보여주지 못하는 시적 정황을 포착해낼 수 있다. 그리하여 거울은 자신의 프레임 안에 의미 있게 배치된 특별한 세계를 형성하게 되는 것이다.

소멸과 순환을 향해 가는 공(Zero)의 세계

-최승호 시집 『모래인간』[1]-

비극의 세계와 비극적 인식

문학의 익숙한 재료인 비극은 인간의 비극적 숙명을 드러냄으로써 우리에게 문학이 지니고 있는 문학적 정서와 의미를 환기시킨다. 이와 같은 비극성은 산업사회 이후로 넘어오면서 현대문명에 대한 비판적 인식을 주된 내용으로 삼게 되었다. 산업사회로의 이행은 인간의 비극성을 확연하게 드러내는 계기가 되었는데 산업사회 이전의 비극이 개별화된 정서를 주로 나타냈다면 산업사회 이후의 비극은 '익명'인 개인에 대한 집단화된 폭력의 성격을 드러낸다. 또한 집단에 의해 가해지는 폭력 속의 개체는 거대 사회 속의 의미 없는 개인에 불과하기 때문에 주체적인 자

---

1) 최승호, 『모래인간』, 세계사, 2000.

아의 모습을 드러내기보다는 '무인칭'의 성격을 지니고 있다. 이때 개별화된 '무인칭'의 개체에게 가해지는 집단적인 폭력은 '거대한 힘'을 지닌, 절대적인 억압과 권력을 표상한다. 따라서 산업사회와 도시 문명에 대한 비판이 주조를 이루는 문학 작품의 경우, '거대한 힘'에 대한 부정적인 인식이 드러날 수밖에 없다.

최승호의 작품도 예외는 아니어서 산업사회와 도시 문명에 대한 비판을 통해 우리를 억누르고 있는 문명사회에 대한 부정적인 인식을 적극적으로 드러낸다. 그것은 때로는 비판의 형태를 띠기도 하지만 거대한 힘에 대한 공포의 모습을 띠기도 한다. 이와 같은 비판과 공포는 곧 비극적 세계관의 형태로 발현되는 경우가 많은데, 그렇기 때문에 현대문명의 비극적 속성과 거대한 힘에 대한 공포를 통해 세계를 인식해온 최승호에게 비극적 세계관이 두드러지는 것은 자연스러운 것일 수밖에 없다.

현대문명과 그것에 대한 비판, 그리고 힘에 대한 공포를 통해 자신의 시적 세계를 드러내기 시작한 최승호는 그것의 연장선상에서 생태학적인 관심과 변기로 대변되는 욕망, 그리고 자루를 통해 드러나는 텅 빈 공간에 대한 시적 인식으로 시의 지평을 넓혀간다. 물론 이와 같은 변화의 중심부에는 언제나 현대문명에 대한 비판적 인식이 자리하고 있다. 그러나 시인은 이러한 현대문명에 대한 비판적 인식을 단순화된 비극의 차원이나 비판적 언술만으로 드러내지 않는다. 그는 자신의 주요한 시적 주제를 드러내는데 있어 다양한 시선과 이미지를 사용하고 있는데, 바로 여기에 그의 새로움이 있고 다른 시인들과의 차별성이 있다.[2] 특

2) 그에게 있어 도시는 삶의 비극적 인식이 확장되는 황량한 공간이며 자연으로 회귀할 수 없는 슬픈 운명을 지닌 존재이다. 물론 도시와 현대문명에 대한 이러한 인식은 그리 특별한 것은 아니다. 그것은 이미 많은 시인들에 의해 다루어진

히 변기와 자루를 통해 드러내는 인식은 단순한 현대문명 비판을 넘어서는, 시의 주제와 언어를 다루는 그의 힘을 느낄 수 있는 대목이다. 시인은 '대설주의보'의 폭력과 '세속도시'의 비극적 도시문명 그리고 '반딧불 보호구역'의 생태와 내면 깊숙이 침잠하는 '회저의 밤'을 지나 드디어 그의 시 전반을 포괄하는 '눈사람'과 '모래인간'의 세계에 진입하게 된다.[3]

모래가 된 인간, 혹은 모래로 만든 인간

앞에서 말한 것처럼 현대문명과 그것에 대한 비판은 최승호가

것인데, 그럼에도 불구하고 최승호의 시가 다른 시인들의 시와 차별성을 지니고 있는 것은 이미지의 포착과 그것에 대한 거리두기에 있다. 최승호의 시는 드러내려고 하는 대상에 대해 말하는 방법이 아니라 철저하게 보여주는 방법을 택하고 있다. 더군다나 그가 보여주는 세계는 충격적인 섬뜩함이 드리워져 있는데 그와 같은 언어의 섬뜩한 살풍경은 그의 시세계가 자신만의 영역을 확보하는 데 결정적인 역할을 한다. 그의 시가 현대문명에 대해 다른 시인의 그것보다 더 서늘한 심연을 담고 있는 것은 그가 설명이나 진술에 의존하지 않고 섬뜩한 순간의 이미지를 포착하여 일그러진 상태 그대로 보여주는 방법을 택하고 있기 때문이다. 이때 드러나는 그로테스크한 세계는 최승호만의 독특한 이미지를 형상화함으로써 그만이 지니고 있는 개성을 만들어낸다. 또한 최승호는 대상에 대해 객관적 거리를 유지함으로써 물화된 삶의 비극을 섬뜩하게 구현해낸다. 대상에 대한 그와 같은 객관적 거리두기는 그의 시세계가 자신만의 영역을 확보하는 데 결정적인 역할을 했는데, 최승호가 택하고 있는 객관적 거리는 그로테스크한 이미지와 더불어 그만의 개성적인 어법을 만드는 중요한 장치로 작용한다. 그가 시적 대상과 객관적 거리를 유지하는 이유는 시인 자신이 물화된 삶 속에 들어가지 않음으로써 현대문명의 비극을 객관적으로 구현할 수 있기 때문이다.

3) 『눈사람』을 통해 시인은 눈사람이 물이 되고, 그 물이 다시 눈과 눈사람이 되는 순환구조를 보여주고 있으며 『모래인간』에서 역시 삶과 죽음을 단절이 아닌 순환의 구조로 해석하고 있다. 이러한 인식은 문명과 생태, 삶과 죽음, 긍정과 부정과 같이 서로 대척점에 서 있던 것들을 하나의 세계로 이해하고 극복하고자 하는 시인의 의지이다.

추구해온 중요한 시적 인식이다. 그에게 있어 도시는 삶의 비극적 인식이 확장되는 황량한 공간이며 자연으로 회귀할 수 없는 슬픈 운명을 지닌 존재이다. 따라서 최승호가 현대문명과 그것의 비극성에 주목하고 있는 것은 자연스러운 것이다. 그가 주목하고 있는 도시 공간은 우리 삶의 전부가 되어 버렸으며 그것이 우리에게 주는 의미는 단순한 공간 이상의 의미를 지닌다.

근대 도시 사회로 넘어오면서 인류가 겪은 변화의 충격은 그 이전의 그것과는 비교가 되지 않는 것이었다. 인류의 역사 속에서 근대 도시 사회가 차지하는 절대적인 시공간의 비중은 극히 미미한 것이었지만 그것은 곧 우리 인류의 삶 전반을 지배하는 것이 되었다. 우리의 삶은 더 이상 농경사회에서의 삶이 아니었다. 태어나서 죽음에 이르기까지 우리의 삶은 지극히 도시적인 것일 수밖에 없는 것이다. 우리는 도시라는 단순한 '공간'에 거주하는 것이 아니라 완벽한 '도시적 삶'을 살고 있는 것이다.

또한 그와 같은 도시에서의 삶은 도시 문명을 통해 드러나는 '욕망'을 자연스러운 것으로 받아들일 것을 강요하고, 우리는 그 강요를 기꺼이 받아들인다. 도시가 제공해주는 인공낙원의 풍요로움은 그것에 대한 욕망과 욕망의 충족을 통할 때 가능한 것이기 때문이다. 물론 인공낙원에 대한 비극적 인식이 전혀 없는 것은 아니지만 우리는 결코 도시에서의 삶을 포기하지 못한다. 도시에서의 삶은 이제 우리의 일부가 아니라 우리 삶 전체를 관통하는 전부가 되어 버린 지 오래다.

최승호의 열 번째 시집인 『모래인간』은 불모화된 현대문명에 대한 비판과 생태학적 인식을 보여주었던 시인의 시적 지향점이 드러나는 시집이다. 이 시집을 통해 그는 비로소 그가 지금까지 보여주었던, 문명에 대한 비판과 힘에 대한 공포, 변기로 대표되는 욕망을 넘어서서 자신이 돌아가야 하는 지점을 발견한 것이다. 물론 『모래인간』 이전에도 자루의 비어 있음과 눈사람을 통해 회귀와 공(Zero)의 세계에 대한 열망을 드러낸 바 있지만 『모래인간』을 통해서 비로소 삶과 죽음이라는 순환 고리의 연결을 마무리 짓게 된다.

시인은 『모래인간』에서 이와 같은 도시에서의 삶과 도시의 모습을 모래의 이미지로 적확하게 보여주고 있다. 그렇다면 『모래인간』은 왜 '모래인간'인가?

> 모래인간은 일찍이 없었고 앞으로도 존재하지 않을 것이다. 모래가 된 인간은 많지만 모래로 된 인간은 없다. 모래는 잘 뭉쳐지지 않는다. 모래는 흩어진다. 모래는 흘러다닌다. 모래들이 물어뜯은 것 같은 움푹한 미라는 있지만 모래로 빚은 태아는 없다. 사막에 사는 모래쥐도 그렇다. 모래가 되는 모래쥐는 많지만 모래로 빚은 모래쥐는 없다. 모래에서 끝나는 육체, 모래에서 다시 시작하지 못하고 모래로 흘러다니는 육체, 더 쪼갤 수 없이 잘게 쪼개져서 사막을 흘러다니고 바람에 불려다니는, 더 이상 육체라고 부를 수 없는 육체, 방황하는 모래들, 폭풍에 들려 빈 하늘로 떼지어 날아가는 모래들, 누구의 것도 아닌, 그 누구의 뼈도, 그 누구의 살도 아닌,
>
> —「모래인간」 부분

「모래인간」에서 시인은 "모래가 된 인간은 많지만 모래로 된 인간은 없다"고 말하고 있다. 그것은 인간의 삶이 모래와 같은 황폐한 존재가 될 수는 있어도 모래와 같은 황폐함은 결코 인간의 삶을 인간답게 만들지 못한다는 것이다. 시인은 「모래인간」에서 우리 삶에 드러나는 황량함과 비극성이라는 것을 단절로부터

비롯되는 공(Zero)의 상태로 바라보고 있다. 그래서 시인이 바라보고 있는 육체는 모래가 되어 사막을 흘러 다니는 것이고 "더 이상 육체라고 부를 수"도 없으며 황량한 사막을 끊임없이 방황하게 되는데, 결국 육체는 "누구의 것도 아닌, 그 누구의 뼈도, 그 누구의 살도 아닌" 공(Zero)의 존재로 돌아가게 되는 것이다. 공(Zero)은 없음의 세계이기 때문에 공의 세계로 돌아가는 것은 곧 죽음과 단절을 의미한다고 볼 수도 있겠지만 이때의 단절과 죽음은 삶과 순환으로 연결되기 때문에 결코 사라지는 세계라고 볼 수는 없다. 그래서 결국 "남은 것은 혁대와 비단벌레 껍질에 흐르는 은하수"뿐이며 사막과도 같은 "4월의 황사는 고비사막에서 날아와" 이제는 모래가 되어 사라진 인간의 혁대에 장식으로 남아 있는 "비단벌레 껍질과 속삭"일 뿐일지라도 우리는 이 시집을 통해 긍정의 세계로 나아갈 수 있는 것이다.

최승호가 「모래인간」에서 단절을 이야기하고는 있지만 그가 말하고 있는 단절은 소통을 거부하기 위한 몸짓이 아니라 돌아가고 싶은 소망의 적극적 표현이다. 시인은 돌아갈 수 없는 비극성을 통해 돌아가고자 하는 소망을 강렬하게 표현하고 있으며, 동시에 죽음이 삶과 맞닿아 있는 회귀와 순환의 구조임을 말하고 있다. 그래서 「모래인간」에 드러나는 공(Zero)의 이미지는 다른 작품에서 회귀의 긍정적인 모습으로 나타나게 된다. 모든 인간이 모래가 되고 모래는 인간이 될 수 없다고 말하는 시인의 내부에는 인간이 되고 싶은 모래의 깊은 절망과 소망이 동시에 자리 잡고 있는 것이다. 결국 최승호는 「모래인간」에서 단절을 이야기하고 있지만 그 단절은 아무 것도 없는 세계가 아니라 비어 있음으로 존재하는 소통의 이미지로 발전하게 된다. 시인은 단절이 아닌 환과 회귀의 시선으로 이 세계를 바라보기를 원하고 있는 것이다.

환과 회귀의 세계

시인은 비극으로 가득한 현대문명의 사막으로부터 벗어나기를 간절히 소망하고 있다. 이러한 소망은 환의 세계를 통해 드러나게 되는데 그것은 곧 회귀에의 소망에 다름 아니다. 시인이 돌아가고 싶은 곳은 당연히 그로테스크한 비극으로 가득 찬 현대문명 너머의 아득한 과거의 공간이다. 물론 여기에서의 과거는 절대적인 시간의 개념으로서의 과거만을 이야기하는 것은 아니다. 이때의 과거는 시인이 돌아가고 싶은, 생명과 그리움을 대표하는 공간으로서의 과거이다.

만년 뒤에 누가 이곳을 발굴하면 출토품(出土品)은 아무것도 없을 것이다.

기둥들, 네모난 선들, 차들, 지하주차장을 사람 몇이 걷고 있다. 그들은 이내 벽 쪽으로 사라진다. 텅 빈 차들, 번호판의 3쿠 5624, 6라 1978, 또는 5너 2044, 기둥에 써놓은 E 또는 G, 벽 저쪽에서 사람이 하나 물건 걸린 선인장(仙人掌)처럼 걸어온다. 트렁크 열리는 소리, 시동 거는 소리, 그는 지하주차장으로 사라진다. 콘크리트 기둥들, 천장의 배관, 여기 대도시의 한 냄새가 있다.

먼지와
시멘트가루와
매연이 뒤섞여
콧구멍을 말리는 냄새

지하주차장에서 상상할 수 있는 것은 패총(貝塚)과 조개박물관, 또는 무덤에 조개껍질을 깔았다는 고대(古代)의식에 관한 책을 넘기는 늙은 고고학자(考古學者)이다. 그는 두꺼운 안경을 밤의 책상 위에 내려놓고 눈을 감은 채 바라볼 수도 있을 것이다.

조개껍질사다리
무덤에서 자궁으로 올라가는
긴 조개껍질사다리를

—「지하주차장」 전문

시인은 "지하주차장에서 상상할 수 있는 것은 패총(貝塚)과 조개박물관, 또는 무덤에 조개껍질을 깔았다는 고대(古代)의식에 관한 책을 넘기는 늙은 고고학자(考古學者)이다"와 같은 구절을 통해 현대문명은 결국 아무 것도 남기지 않고 사라질 운명임을 이야기하고 있다. 시인에게 현대문명은 "두꺼운 안경을 밤의 책상 위에 내려놓고 눈을 감은 채 바라"보아야 하는, 소멸되어야 할 대상에 불과한 것이다. 그렇다면 현대문명을 소멸의 대상으로 바라보는 시인이 꿈꾸고 있는 것은 무엇일까?

시적 상황에는 드러나지 않지만 이 시의 출발점은 과거 혹은 고대이다. 시적 화자가 만 년 뒤를 이야기 하는 것은 곧 현재 시점에 존재하는 화자가 만 년 전의 과거를 그리워하는 것에 다름 아니다. 만 년 뒤의 세상에 등장할 패총(貝塚)과 조개박물관, 그리고 고대(古代)의식과 고고학자(考古學者)는 시인에게 현대문명이 도래하기 전인, 만 년 전의 공간과 동일시된다. 그래서 시인은 〈(과거 또는 고대) → 현재 → 만년 뒤 → 고대〉의 순환 구조를 통해 회귀의 소망을 드러낸다. 그는 조개껍질사다리를 통해 "무덤에서 자궁으로 올라가고" 싶어 한다. 시인은 '무덤'과 다름없는 현대문명의 비극성으로부터 벗어나 생명의 원천인 '자궁'으로 거슬러 올라가고 싶은 것이다. 이러한 자궁의 이미지는 「잠원역의 누엣늙은이」에서 좀 더 적극적인 소망으로 표현된다.

사막식물처럼
오지 않는 희귀한 나비를 기다리는
민들레

8미터짜리 누에가 잠원역에도 있다. 타일들로 짜 맞춘 누에, 지하철이 잠원역을 지날 때마다 거대한 누에는 타일벽에 붙어 머리를 든 채 잠을 자고 또 잠을 잔다.

—「잠원역의 누엣늙은이」 부분

작품 속의 누에나 민들레의 소망은 과거로의 회귀라는 소극적인 형태를 넘어서서 나비를 꿈꾸는 적극적인 형태로 드러난다. 그러나 적극적인 기다림의 대상으로서의 '나비'라고 하더라도 '나비'는 과거의 반대 개념이 아니라 생명력 넘치는 과거와 같은 존재로서의 미래인 것이다. 그래서 시인은 잠을 자고 또 잠을 자는 누에가 나비가 되기를 소망하고 있다. 그것은 나비가 과거의 싱싱한 생명력을 간직하고 있기 때문이다.

최승호가 보여주는 과거로의 회귀, 혹은 순환의 구조는 이 시집이 전달하고자 하는 주제의 한가운데에 있다. 그래서 순환의 이미지는 위에서 예를 든 시 이외에도 시집 곳곳에서 빈번하게 드러난다. 시인이 추구하는 순환의 공간은 앞에서도 언급한 공(Zero)의 공간과 생명의 근원으로서의 공간 그리고 건조한 일상의 공간과 죽음의 공간 등 다양한 형태로 나타난다.

> 기계음으로 흡혈의 시간을 운다. 누구나 혈관이 시들면서 늙는다. 하지만 시계점 대머리 남자는 어떤 때 아주 젊어져 있다. 젊어지려면 가발을 써야 한다. 졸업선물시계, 예물시계, 시계들도 늙는다. 피 마르는 흡혈귀처럼, 피 없는 흡혈거머리처럼.
>
> —「시계들」 부분

> 상자에서 키워낸
> 네모난 수박들의 어린 시절은
> 둥글었을 것이다.
>
> —「수족관」 부분

> 거품은 물로 돌아간다.
> 그러나 부글거리는 욕망은
> 마침내 돌아갈 하수종말처리장이나 있는 걸까
>
> 오래된 어떤 무덤은 납작해져서 땅과 거의 일자(一字)를 이루고 있다. 무덤도 영원하지 않다.
>
> —「거품들의 러시아워」 부분

「시계들」에서 나타나는 회귀의 모습은 돌아갈 곳 없는 일상의 비극적 순환의 형태로 드러난다. 시계점의 남자는 늙어가는 시계와 시간에 둘러싸인 채 흡혈귀나 흡혈거머리처럼 절망을 어루만지고 있다. 비극적인 현실 앞에서 좌절하고 있는 화자의 모습을 통해 시인이 우리에게 보여주고자 하는 것은 돌아갈 수 없음에 대한 절망이자 가야만 하는 회귀의 공간에 대한 안타까움이다. 이와 같은 절망적 인식은 돌아갈 수 없는 유년으로의 회귀를 꿈꾸기도 한다.

또한 시인은 「수족관」에서 "어린 시절"로 돌아가기를 꿈꾸고 있는데 어린 시절의 공간은 둥근 공간인 데 반해 상자에서 자란 현재의 나는 네모나고 각진 공간이라고 진술하고 있다. 이 작품에서 시인은 죽음으로 가는 삶의 모습을 통해 순수하고 완벽한 공간으로서의 유년의 세계를 펼쳐 보이고 있는 것이다.

「거품들의 러시아워」는 현대를 살고 있는 우리의 삶이 얼마나 속된 욕망으로 가득한지를 극명하게 보여주고 있다. 거품도 물로 돌아가고, 봉긋한 무덤도 평평한 땅이 되고 마는 자연의 속성은 곧 우리 인간이 지니고 있었던 본래의 성질이다. 그러나 현대의 인간이 지니고 있는 욕망은 끊임없이 더 큰 욕망을 만들어내므로 돌아갈 그 무엇도 지니지 못한다. 그렇기 때문에 시인은 "욕망은 마침내 돌아갈 하수종말처리장이나 있는 걸까"라는 자조적인 질문을 던지게 된다.

이처럼 환과 회귀의 이미지로 가득한 『모래인간』은 삶과 죽음이라는 생명의 근원에 대한 질문을 던지고 있는 시집이다. 아울러 공(Zero)의 세계로 나아가고자 하는 절실한 소망이 담겨 있기도 한데 시인은 비어 있으므로 존재하는, 삶의 본질로서의 공(Zero)의 세계로 나아가기 위한 방법을 모색하고 있는 것이다.

> 그러나 공의 형상을 유지하면서 공은 찢어진 채 너덜너덜 굴러다닌다. 그 방향들, 얼크러진 선, 공의 방향이 바람 방향과 같다고 할 수 있을까. 그렇지 않다. 때로 공은 바람과 다른 방향으로 굴러간다. 공터 한 구석에 처박힐 때도 있다. 그걸 다시 물고 나오는 건

> 개다. 공은 물어뜯기고 개침에 젖지만 완전히 찢어지지 않는다. 공은 의외로 질기다. 다른 공, 제로(Zero)는 더 질기다고 할 수 있다. 그 공은 물어뜯을 수 없고 입에 물 수조차 없다. 공터에 밤이 온다. 공에도 밤이 있다. 너덜너덜 찢긴 공 안에 어둠이 들어앉는다. 그 어둠은 공 밖의 어둠보다 조금 더 어둡다.
>
> —「공터의 공 하나」 부분

현대문명은 끊임없이 무엇인가를 채워주기를 갈망하고 있다. 현대문명사회에서 비어 있다는 것은 곧 결핍을 의미한다. 그러나 비어 있음을 결핍으로 바라보는 것은 원래 동양적인 인식이 아니었다. 현대문명의 끊임없는 욕망 구조로 인해, 비어 있는 긍정적인 공(Zero)의 공간을 결핍으로 느꼈을 뿐이다. 최승호는 비어 있는 공(Zero)의 힘을 믿고 있다. 그래서 그는 공이 "물어뜯기고 개침에 젖"어도 "완전히 찢어지지 않는다."고 말하고 있다. 실제의 공에 담겨 있는 것은 텅 빈 허방의 세계이다. 그러나 공은 무(無)의 공간이기도 하지만 공간을 가득 메우고 있는 차오름의 공간이기도 하다. 공터에 찾아오는 밤과 공 그리고 공에 담겨 있는 어둠은 완전히 찢어지지 않는, 질기디 질긴 우리 삶의 모습이며 캄캄한 자궁과 같은, 회귀하고 싶은 공간이다. 우리 삶의 모습인 공은 비루한 삶의 모습과 같이 찢어진 채 너덜너덜 굴러다니고 있다. 따라서 공은 순탄한 삶의 방향인 바람의 방향과 항상 같은 방향으로 굴러가지는 않는 것이다. 시인은 때로는 물리고 개침에 젖는 고통 속에서도 결코 굴복하지 않는 우리의 삶을 공을 통해 생생하게 드러내고 있다. 공 안에 담긴 어둠은 물어뜯기고 개침에 젖은, 고통 받는 어둠이다. 그렇기 때문에 공 안의 어둠은 공 밖의 어둠보다 조금 더 어두울 수밖에 없는 필연성을 갖게 된다.

‘모래인간’의 시선

『모래인간』은 그동안 발표된 최승호의 시집과 형식적으로 다른 차이점이 나타난다. 그간 최승호의 시가 개성적인 것으로 읽힌 것은 시의 외적인 파격 때문이 아니라 시의 내부에 드러나는 파격 때문이었다. 그런데 『모래인간』에서 시인은 형식적인 실험을 시도하고 있다. 물론 『모래인간』에 나타난 형식적인 실험을 두고 파격이라고까지 할 수는 없을 것이다. 그러나 『모래인간』은 이전의 시집과는 분명히 다른 모습을 보여주고 있으며 그것은 당연히 시인의 의도가 반영된 것이다.

『모래인간』은 우리가 시라고 여기는, 일반적인 시 형식을 따르고 있는 부분과 들여쓰기조차 되어 있지 않은, 산문적 서술이 엇갈려 등장한다. 이와 같은 형식적 특징은 시인이 의도에 따라 배치한 의미의 배열 구조와 맞닿아 있다. 시인은 이러한 배열 구조를 통해 시적 의미를 강조하고 있다. 산문적 서술을 통해 하고자 하는 말을 하다가 마디글 부분을 통해 의미를 강조하는 것인데 이때 의미가 강조되는 마디글은 대상의 이미지를 선명하게 드러내어 시인의 의도를 효과적으로 전달한다.

모래밭으로 끌어낸 익사체
목에 걸린 사진기

선글라스들, 에어컨들, 누덕누덕 칠이 벗겨진 건물들, 시체들이 밀리는 눅눅한 향항(香港)에 아파트 규모의 시체 냉동보관소가 있다. 기다림은 거기에도 있다. 아무런 희망 없이 잠을 자면서 보내는 하루. 물론(勿論) 거기서 창문 밖을 내다보는 사람은 없다. 그러나 한때 죽은 사람은 창문 밖 향항(香港)의 밤을 내다봤을 것이다.

—「사진기」 부분

때로 어린것들도 어른에게 따귀를 맞는다. 따귀를 맞으면 얼굴이 붉어진다. 눈물이 날 때도 있고 얼굴이 돌아간 채 평생 돌아오지 않을 수도 있다. 한때 큼직한 손바닥으로 어린것들의 뺨을 때렸으나 이제는 뺨 없는 해골이시여, 죽음에게 따귀를 맞은 후에는 죽음의 따귀를 갈길 손이 당신에게는 없는 것입니다.

맥반석조개구이집 수족관
황토색 붕장어는
스웨터가 풀어지듯이 죽는다

—「수족관」 부분

가락동수산물시장, 저것은 오징어상자, 저것은 도루묵상자, 저것은 꽁치상자, 저것은 쥐치상자, 저것은 밴댕이상자, 저것은 상자들을 싣고 온 트럭, 트럭, 까르마 없는 트럭들.

오! 지느러미 달린 칼이여,
도마 위의 먹갈치는
끊으면 그저 끊어질 뿐.

—「토막난 일기」 부분

남자는 뜨거운 대구머리탕 앞에 앉아 있다. 김이 솟는다. 뿌옇게. 그게 신비는 아니다. 불투명 속 냄비 바닥이 신비의 근저는 아니다. 펄펄 끓어서 흐물흐물해진 머리, 대구머리탕엔 머리, 혹은 대가리들밖에 없다. 남자는 숟가락을 들고 국물을 뜬다. 입을 벌려! 남자는 국물을 마신다. 그 동작이 반복된다. 반복에 삶의 묘미가 있다. 지겨워지는 묘미, 부서진 머리를 뒤적거리던 숟가락이 건져올리는

희멀건 눈알

—「보이지 않는 것」 부분

『모래인간』의 형식적 구조를 규정짓는 이와 같은 특징은 시인이 바라보는 대상과 세계를 환기시키는 역할을 한다. 시인의 시선은 대상의 평면적인 모습을 따라 평이하게 이동을 하다가 어느 순간 멎는데 바로 이 지점에 『모래인간』의 형식적 특징이 지니고 있는 효과가 있다. 평면을 따라 움직이는 시인의 눈을 따라가던 독자들은 어느 순간 '목에 사진기를 매달고 있는 익사체'나 '스웨터 풀어지듯이 죽는 붕장어'와 마주하게 되고 '도마 위에서 끊어지는 먹갈치'나 '대구머리탕의 희멀건 눈알'과 마주치게 된다. 이와 같이 평면적인 세계 속에서 마주하게 되는 섬뜩한 지점은 삶의 비극성을 극대화하며 환과 회귀의 공간에 대한 갈증을 불러일으킨다.

공(Zero)의 세계와 차오름의 세계

환과 회귀라는 일관된 주제를 적절한 형식을 통해 버무려내는 『모래인간』은 삶과 죽음의 초월을 기저로 삼고 있기 때문에 최승호의 시가 완결성의 세계를 향해 한층 더 다가섰다는 느낌을 전해준다. 그렇기 때문에 이 시집에 드러나는 섬뜩함은 더 이상

비극만을 환기하는 것이 아니다. 최승호가 돌아가려고 하는 회귀의 공간은 『모래인간』을 통해 지금까지의 시세계보다 더 확장된 공간을 획득했다. 그는 이제 비극을 넘어서는 곳에 존재하는 그 무엇을 찾아 긴 여정을 떠날 때이다. 그런 의미에서 이 시집은 최승호에게 새로운 모색의 의미를 갖게 되는 셈이다.

도시적 숙명을 안고 태어나는 것이 현대인의 운명일 지라도 그러한 숙명에 매몰되지 않고 능동적으로 삶에 대처해 나아갈 때 현대의 비극으로부터 벗어날 수 있을 것이다. 그런 점에서 환과 회귀를 도시적 숙명을 벗어나기 위한 수단으로 이용하고 있는 최승호의 방법은 매우 효과적이다. 특히 도시의 기반을 인정하지 않은 상태로 자연으로의 회귀를 꿈꾸지 않고 도시적 삶의 공간 속에서 꿈꾸는 회귀의 방식은 그의 시적 인식의 깊이를 더욱 단단하게 만들어준다. 그렇기 때문에 그가 드러내는 공(Zero)의 세계는 없음의 세계에 머물지 않고 차오름의 세계로 승화되는 것이다.

우리의 삶이 보잘것없고 고통스럽다 할지라도 현실을 부정할 수는 없다. 최승호가 삶을 죽음과 연결시킨 것이나, 도시를 적극적으로 드러냄으로써 생태에 대한 인식의 깊이를 보여준 것과 같이 현실에 대한 적극적인 인식이 있어야 비루한 현실을 극복할 수 있다. 최승호가 보여준 생태나 공(Zero)의 공간이 막연한 몽상이나 환상이 아닌, 현실의 아픔을 내재하고 있는 이유도 바로 거기에 있다. 현실을 외면하는 회귀는 회귀가 아니라 추락에 불과한 것이다. 그래서 「트렁크 안의 사물들」에 등장하는 물먹는하마와 팡이제로와 같이 장마와 곰팡이를 이길 수 없거나 고통 받는다 하더라도 최선을 다해 현실에서 자신의 전 존재를 드러내야 한다. 설령 사물들의 운명이 "의무가 끝나면 버려지는", "장마

뒤 쓰레깃더미에 버려진 우기(雨期)의 두 형제 팡이제로와 물먹는 하마"와 같은 것일지라도 말이다.

비극적 세계와 수사학

−기형도의 시[1]−

들어가는 글

죽음은 단순히 한 사람의 삶이 생물학적으로 마감되었음을 의미하는 것뿐만이 아니라 죽음에 이른 사람의 삶을 규정짓고 거기에 더해 여러 가지 의미를 부여하기도 한다. 그래서 때로는 죽음이 죽음 이전의 삶의 영역을 뒤덮거나 굴절시키기도 한다. 기형도의 경우에도 예외는 아니었다. 기형도는 널리 알려졌듯이 1989년 만29세의 나이로 세상을 떠났다. 그의 죽음은 그의 시를 단박에 독자와 평단의 주목을 받게 했고 시집은 베스트셀러가 되었다. 그의 시가 생전에 큰 주목을 끌지 못했음을 감안한다면 그것은 실로 놀라운 일이 아닐 수 없었다. 거기에 더해 “그의 영정 앞에 바쳐진

1) 기형도, 『기형도 전집』, 문학과지성사, 1999.

진혼가의 성격"[2]을 띤 평문이 다수 발표되기도 했다. 이러한 '진혼가'는 시의 영역보다 시인의 죽음에 많은 무게를 둔 것이었기 때문에 객관적인 분석에서 한 걸음 떨어진 것일 수밖에 없었다. 그러나 분명한 것은 기형도의 시에 드러난 죽음과 비극은 결코 그의 죽음으로부터 비롯된 것이 아니라는 점이다.

기형도의 시는 무수히 많은 죽음과 비극의 이미지를 내포하고 있다. 그의 시에 있어서 죽음과 비극의 정서는 그의 시세계 전반을 아우르는 주된 것이다. 그간의 기형도에 대한 평가 역시 대부분 죽음이나 비극적 정서에 맞춰져 있는데, 이러한 죽음과 비극적 정서는 그의 시에 나타난 수사법에 의해 구조적으로 더욱 심화된 세계를 드러낸다. 기형도 시에 드러난 죽음과 비극의 이미지는 그의 독특한 어법과 수사법에 힘입은 바가 크기 때문이다. 그가 드러낸 죽음과 비극의 세계를 밝히는 것만큼이나, 죽음과 비극의 세계를 드러내기 위해 그가 사용한 수사법에 대한 분석이 중요한 것도 이와 같은 이유에서이다.

이 글은 기형도의 죽음이 어떤 방식의 수사법을 통해 그만의 독특한 비극의 세계를 형상화했는지에 주목했다. 기형도 시에 드러난 수사법 중에서 특별히 주목한 것은 관형어의 활용, 비극적 의미를 강화하는 색상 이미지, 한자어의 사용으로 인해 형성되는 낯선 의미, 시어로서 사어가 된 어휘의 활용과 새로움, 낯선 이미지의 충돌과 직유 등이다. 기형도가 사용하고 있는 이러한 수사법은 대체적으로 비극적 세계를 동반하고 있다. 그것들은 서로 긴밀하게 연결되어 기형도의 시가 드러내는 비극적 세계를 보다 선명하게 부각시켜 준다. 이와 같은 수사법에 대한 분석을 통해

2) 남진우, 「숲으로 된 푸른 성벽」, 『숲으로 된 푸른 성벽』, 문학동네, 1999, 160쪽.

우리는 기형도가 천착한 죽음과 비극에 대해 보다 체계적인 접근을 할 수 있다.

물론 기형도가 사용한 수사법을 그만의 것이라고 할 수는 없다. 그가 사용한 관형어와 색상 이미지는 대체적으로 보편적인 원형을 가지고 있는 것이기까지 하다. 그러나 기형도가 사용하고 있는 이러한 수사법은 그만의 어법을 통해 개성적인 분위기를 형성한다. 보편적인 원형은 이미지의 충돌을 통해 새로운 이미지를 창출해내며 시적 사어와 한자어를 자유롭게 구사하는 어법을 통해 낯선 세계를 만들어낸다. 기형도가 보여준 수사법은 그래서 새로운 듯 낯익고, 낯익은 듯 새로운 의미를 형성하게 된다. 물론 기형도의 시세계가 보여주고 있는 독특함을 수사법만으로 설명할 수는 없다. 실제로 그의 시는 서정성과 몽환적인 분위기를 통해 개성적인 면모를 드러내기도 한다. 하지만 그와 같은 것들 역시 기형도 특유의 수사법에 기대어 나타나는 경우가 많기 때문에 수사법에 대한 분석을 통해 죽음과 비극의 세계가 구조화되는 과정을 파악할 수 있다.

관형어의 활용과 효과

기형도의 시는 시적 대상이 되는 사물을 수사하는 부분이 많이 등장한다. 이러한 수사는 대체적으로 관형어를 통해 드러나는데 기형도는 관형어를 적극적으로 활용함으로써 시적 대상의 구체적인 이미지를 구현한다. 그리고 구현된 시적 대상의 이미지의 집합을 통해 작품 전편을 관통하는 이미지를 만들어낸다. 때문에 기형도가 사용하는 관형어는 대상과의 낯선 결합을 통해 독특한 시적 분위기를 형성하게 된다. 기형도가 사용하는 관형어는 시적 대상을 구체화시킬 뿐만 아니라 시적 대상을 그것만의 개별화된 것으로 만드는 효과를 지니고 있기도 하다.

시의 중요한 특질 중의 하나인 이미지는 "언제나 우리의 감각에 호소하고 사물에 대한 감각적 경험을 불러일으"[3]킨다. 이것은 구체적인 모습을 통해 드러나기 마련이다. 따라서 시는 "추상이 아니라 구체적이고 특수한 것, 곧 이미지를 통하여 추상인 의미를 전달"[4]한다. 기형도가 사용한 관형어 역시 대상을 구체적으로 한정짓는 역할을 한다. 하지만 이때의 시어는 구체적임과 동시에 다의적이며 거기에 더해 신비로운 느낌을 자아내기도 한다. 이와 같은 다의적이고 신비로운 느낌은 관형어가 시적 대상과 낯설게 결합함으로써 형성된다. 이때 낯선 의미를 형성시키는 결합은 대체적으로 부정적이거나 이질적인 관계를 이루고 있는 경우가 많다.

> 어떤 날은 두꺼운 공중의 종잇장 위에
> 노랗고 딱딱한 태양이 걸릴 때까지
> 안개의 군단은 샛강에서 한 발자국도 이동하지 않는다.
> 출근길에 늦은 여공들은 깔깔거리며 지나가고
> 긴 어둠에서 풀려나는 검고 무뚝뚝한 나무들 사이로
> 아이들은 느릿느릿 새어나오는 것이다.

—「안개」 부분(강조는 필자. 이하 같음)

3) 김준오, 『시론』, 이우출판사, 1988, 87쪽.
4) 위의 책, 87쪽.

인천집 흐린 유리창에 불이 꺼지고
낮은 지붕들 사이에 끼인
하늘은 딱딱한 널빤지처럼 떠 있다.

—「백야」 부분

담뱃불이 반짝했다, 골목으로 들어오던 행인이
날카로운 비명을 질렀다

—「나쁘게 말하다」 부분

그는 쉽게 들켜버린다
무슨 딱딱한 덩어리처럼
달아날 수 없는,
공원 등나무 그늘 속에 웅크린

—「늙은 사람」 부분

나무토막 같은 팔을 치켜들며 사내는, 방이 너무 크다
왜냐하면, 하고 중얼거린다, 나에게도 추억은 많다

—「추억에 대한 경멸」 부분

기형도가 사용하고 있는 관형어 중에서 가장 눈에 띄는 시어는 '딱딱한'이다. 시집 전편에 걸쳐 빈번하게 등장하는 이 시어는 기형도가 말하고자 하는 세계를 극명하게 드러낸다. 기형도에게 있어 세계는 '딱딱한' 그 무엇이며 그것은 대체적으로 부정적인 것을 의미한다. 기형도가 사용하고 있는 관형어는, '딱딱한' 뿐만이 아니라 다른 것에서도 부정적인 인식을 동반하는 경우가 흔한데 그것들 역시 단단하고 날카로운 것들인 경우가 많다.

그렇다면 왜 딱딱하거나 단단하거나 날카로운 것인가? 이것에 대해 남진우는 "기형도의 시에 나타난 딱딱한 구멍의 지옥은 최승호의 물렁한 구멍의 지옥과 홍미로운 대조를 이룬다고"[5] 말하고 있다. 기형도에게 있어서 이와 같이 딱딱하고 날카로운 것들은 죽음과 절망의 세계를 드러내는 중요한 장치가 된다. 그래서 '딱딱한 구멍' 속의 세계는 언제나 음험하고 불온한 일들로 가득하다. 음험하고 불온한 현실의 한가운데 놓여 있는 이들은 바로 시인 자신을 비롯한 '우리'들이다. 그들은 대체적으로 연약하고 힘이 없는 존재들이다. 기형도가 사용하고 있는, '딱딱한'과 같이 단단하고 날카로운 이미지는 이러한 삶의 비극을 강조하는 역할을 한다.[6]

그런데 기형도가 사용한 관형어는 부정적인 이미지만을 통해 시적 분위기를 전달하는 것이 아니라 긍정의 이미지를 동반하여 연약하고 힘없는 존재가 겪게 되는 부정의 세계를 형상화하기도 한다. 그것은 기형도 시의 특징 중의 하나인, 대립을 통한 비극적 세계의 완성과 관련이 있다고 여겨진다.[7] 경우에 따라서는 부정적인 관형어를 통해 부정적인 느낌을 더욱 강화하고 심화시키기도 하지만 어떤 경우일지라도 과격한 어법으로 말하는 법이 없

5) 남진우, 앞의 글, 180쪽.

6) 이에 대해 남진우는 앞의 글에서 "기형도의 시엔 유난히 얇고 가느다란 것에 대한 경도를 보여주는 이미지가 많이 등장"한다고 말하고 있다. 남진우가 밝힌 바와 같이 "가늘은 유리막대처럼 위태로운 모습"(「폭풍의 언덕」)과 같은 어머니나 "가늘은 고드름"(「너무 큰 등받이 의자」) 같은 아버지, 그리고 "구부러진 핀"(「폭풍의 언덕」)과 같은 누이의 모습이 바로 그것이다.

7) 기형도는 '딱딱한' 세계와 그 반대 지점의 대립뿐만이 아니라 시어와 시어가 드러내는 이미지의 충돌이나 직유를 통한 대립을 통해서도 비극적 인식을 보여주고 있다. 구체적인 예는 뒤에서 밝히겠지만 기형도는 이와 같은 낯선 이미지의 충돌을 통해 독특한 어법과 시적 분위기를 만들어낸다.

다. 따라서 기형도가 드러내는 부정의 세계는 당연히 폭력적이지 않다.

기형도의 등단 이전의 작품과 유고시집에 실린 작품의 차이를 살펴보면 관형어가 그의 시에 어떤 의미 구조를 지니는지 살펴볼 수 있다.8)

> 네 속을 열면 몇 번이나 얼었다 녹으면서 바람이 불 때마다 또 다른 몸짓으로 자리를 바꾸던 은(銀)실들이 엉켜 울고 있어 땅에는 얼음 속에서 썩은 가지들이 실눈을 뜨고 엎드려 있었어 아무에게도 줄 수 없는 빛을 한 점씩 하늘 낮게 박으면서 너는 무슨 색깔로 또 다른 사랑을 꿈꾸었을까. 아무도 너의 살에 입을 벌리지 않던 밤 얼어붙은 大地에는 무엇이 남아 너의 춤을 자꾸만 虛空으로 띄우고 있었을까. 하늘에는 온통 네가 지난 자리마다 바람이 불고 있다. 아아, 사시나무 그림자 가득한 地上 그 끝에 첫 발을 디디고 죽음도 다가서지 못하는 溫度로 또 다른 하늘을 너는 돌고 있어, 네 속을 열면.
>
> —「밤 눈(雪)」9) 전문

---

8) 기형도는 전집의 작가 연보에 나와 있는 바와 같이 초기작의 대부분을 20대 초반에 활동했던 안양의 '수리시동인' 시절에 쓰고 정리했다. 수리시동인지 제1집 『그날저녁꽃불이떨어지던하늘을배경으로』에 기형도는 전부 5편의 작품을 발표했는데 그 작품들은 「노을」, 「사강리」, 「밤눈」, 「나리, 나리, 개나리」, 「어느 날」 등이다. 이중 「사강리」, 「밤눈」, 「나리 나리 개나리」는 시집 『입 속의 검은 잎』에 수록되었고 당시 미발표작이었던 「노을」은 후에 『사랑을 잃고 나는 쓰네』에, 역시 미발표작이었던 「어느 날」은 『기형도 전집』에 수록되었다. 미발표작이었던 「노을」과 「어느 날」뿐만 아니라 『입 속의 검은 잎』에 수록되었던 「사강리」, 「밤눈」, 「나리 나리 개나리」 역시 이십 대 초반에 썼던 작품과 거의 차이가 없다. 그중에서 가장 많이 수정된 작품은 「밤눈」인데, 그것 역시 몇몇 시어의 첨가와 수정 이외에 큰 틀에서의 변화는 없다.

9) 기형도, 「밤 눈(雪)」, 『그날저녁꽃불이떨어지는하늘을배경으로』(수리시동인 제1집), 시인사, 1981, 11쪽.
원문의 느낌을 살리기 위해 『그날저녁꽃불이떨어지는하늘을배경으로』에서

> 네 속을 열면 몇 번이나 얼었다 녹으면서 바람이 불 때마다 또 다른 몸짓으로 자리를 바꾸던 은실들이 엉켜 울고 있어. 땅에는 얼음 속에서 썩은 가지들이 실눈을 뜨고 엎드려 있었어. 아무에게도 줄 수 없는 빛을 한 점씩 하늘 낮게 박으면서 너는 무슨 색깔로 또 다른 사랑을 꿈꾸었을까. 아무도 너의 영혼에 옷을 입히지 않던 사납고 고요한 밤, 얼어붙은 대지에는 무엇이 남아 너의 춤을 자꾸만 허공으로 띄우고 있었을까. 하늘에는 온통 네가 지난 자리마다 바람이 불고 있다. 아아, 사시나무 그림자 가득 찬 세상, 그 끝에 첫발을 디디고 죽음도 다가서지 못하는 온도로 또 다른 하늘을 너는 돌고 있어. 네 속을 열면.
>
> —「밤 눈」 전문

「밤 눈」의 수정된 부분 중에서 주목해야 하는 부분은 '영혼'과 '사납고 고요한'이다. '영혼'은 원래 '살'이었던 시어가 바뀐 것이고 '사납고 고요한'은 새로 첨가된 시어이다. 기형도는 시어로서 부적합한 한자어와 감상적인 시어 그리고 관념적인 시어를 사용하여 낯설고 새로운 의미를 드러내는 경우가 많다. 「밤 눈」에 나타난 '영혼' 역시 그런 이유로 인해 오히려 새로운 느낌을 자아내고 있는 시어이다.

"살에 입을 벌리지 않던 밤"의 경우에는 "사납고 고요한"이 추가되어 "영혼에 옷을 입히지 않던 사납고 고요한 밤"이 된다. 이때 "사납고 고요한"은 '밤'이 드러내는 세계의 비극성을 더욱 고조시킨다. 또한 "사납고 고요한"은 '밤'의 이미지를 구체화시키지만 동시에 "사납고 고요한"은 구체적 실체나 크기가 없는 표현이

사용한 한자를 그대로 표기했다.

기 때문에 수식을 당하는 '밤'은 관념적 상징의 세계로 나아가게 된다.

색상 이미지와 의미의 구현

기형도는 특정 색상을 빈번하게 사용함으로써 시가 지니는 감각을 환기한다. 그가 즐겨 사용하는 색상은 검정인데 그의 시 전반에 걸쳐 나타나는 무채색 이미지는 검정이라는 강렬한 무채색을 구체적으로 드러냄으로써 더욱더 암울한 분위기를 형성한다. 검정은 일반적으로 죽음이나 소멸과 같은 원형적 심상을 지니고 있다. 그렇기 때문에 독자들은 당연히 검정을 통해 죽음이 드리워진 부정적 세계와 만나게 된다. 기형도의 시에 빈번하게 등장하는 검정은 그의 시 전반에 걸쳐 등장하는 죽음 이미지를 설명하고 강화하는 데 일조한다. 그가 사용하는 검정의 이미지 역시 관형어의 위치에서 그것이 꾸미는 대상을 어둡고 암울한 의미가 강조될 수 있도록 하는 역할을 한다.

> 공장의 검은 굴뚝들은 일제히 하늘을 향해
> 젖은 총신을 겨눈다.
>
> —「안개」 부분

> 가늘고 길쭉한 금속을 질질 끄는 소리가 들렸다
> 검은 잎들이 흘끔거리며 굴러갔다
>
> —「나쁘게 말하다」 부분

나를
한번이라도 본 사람은 모두
나를 떠나갔다. 나의 영혼은
검은 페이지가 대부분이다

—「오래된 서적」 부분

내 입 속에 악착같이 매달린 검은 잎이 나는 두렵다

—「입 속의 검은 잎」 부분

어느 교회의 검고 은은한 종소리

—「나무공」 부분

이미지는 당연히 의미를 전달하며, 그것이 일정한 군을 이룸으로써 주제를 드러낸다. 기형도의 시에 빈번하게 등장하는 검정은 앞에서도 언급한 바와 같이 우리가 검정색을 보았을 때 일반적으로 떠올리는 부정적인 이미지이다. 그런데 한 가지 특이한 점은 그가 사용하고 있는 검정은 상당수가 긍정적인 대상을 수반하며 나타난다는 것이다. 그의 검정은 검은 굴뚝이 젖은 총신을 겨누지만 그것은 하늘을 향해 있고, 검정의 이미지와 거리가 먼 잎이나 영혼과 결합을 하기도 하며, 검정과 반대의 의미를 환기하는 교회의 종소리를 꾸미기도 한다.

기형도가 사용하고 있는 색상 이미지는 이처럼 관형어의 위치에서 꾸밈을 받는 대상에 의미를 부여하는 역할을 하기도 하고 부정과 긍정이라는 상반된 두 개의 이미지를 충돌시켜 비극적 정서를 환기시키기도 한다.[10] 그가 사용하는 색상 이미지는 검정에 머물지 않고 그와 유사한 어둠이나 캄캄함으로 연결되기도 한다. 또한 검정 이외에도 빛과 물 이미지를 사용하기도 하는데 이때에도 그것은 검정과 다를 바 없는 부정적 인식을 동반할 때가 많다.[11)]

> 이 밤, 빛과 어둠을 분간할 수 없는
> 꽝꽝 빛나는 이 무서운 백야
>
> —「백야」 부분

백야는 당연히 빛의 세계이며 어둠의 반대 지점에 있는 것이다. 그러나 백야는 동시에 어둠의 시간에 놓여 있는 것이기도 하다. 그렇기 때문에 이때 등장하는 백야는 빛의 세계이면서 동시에 어둠의 세계이기도 하다. 그러나 백야가 두 세계에 걸쳐 있다고 해서 두 세계의 이미지가 상징하는 의미를 동시에 갖고 있지는 않다. 백야는 당연히 어둠의 백야이기 때문이다. 백야는 빛나고 있는 대상이지만 그것은 '꽝꽝' 빛나는 것이며 '무서운' 그 무엇이기 때문이다. 이때 '꽝꽝'이라는 시어는 '빛나는'과 병치의 관계를 형성하여 '빛나는'을 부정의 세계로 만들어 버리는 역할을 한다. 거기에 더해 백야는 '무서운' 것이기 때문에 당연히 백야의 휘 빛은 부정적 인식을 동반하게 된다. 기형도는 이처럼 병치의

10) 이러한 병치은유는 시적 긴장감을 높일 수 있는 장치이며 낯선 이미지를 효과적으로 충돌시켜 새로운 의미를 만들어내기도 한다. 기형도는 병치은유를 효과적으로 사용하고 있는데 그것은 색상 이미지에서뿐만이 아니라 시어와 시어의 결합, 시어로서는 부적합해 보이는 한자어나 감상적인 시어의 활용 등에서도 두드러지게 드러난다.

11) 물론 유년기에 등장하는 남폿불과 같은 것이나 환상과 몽환의 분위기 속에 등장하는 불 이미지는 부정적인 것이 아니라 긍정적인 정서를 나타내기도 한다. 그것은 도회적인 것이 부정적이고 유년의 것이 긍정적이라는 남진우의 지적이 아니더라도 손쉽게 감지 할 수 있는 것이다.

관계와 관형어를 적절히 사용하여 비극적 정서를 심화시킨다.

낯선 혹은 낯익은 시어와 이미지의 충돌

기형도는 색상 이미지에서뿐만 아니라 그의 시 전반에 걸쳐 병치의 기법을 사용하고 있으며 그것은 매우 성공적인 효과를 거두고 있다. 그의 시에 드러난 병치는 과격하지 않으며 공통분모가 전혀 없는, 그래서 낯설기만 한 어색함이 아니다.[12)]

이미지는 서로 다른 낯선 지점과 함께 그것을 연결시켜 줄 수 있는 공통점을 지니고 있어야 한다. 시에서 언어와 의미가 유사한 지점에 놓이게 되면 상투성이 드러나며 반대로 언어와 의미의 거리가 먼 경우에는 소통이 이루어지지 않게 된다. 기형도의 시가 우리에게 낯선 풍광을 제시하면서도 그것이 낯설지만은 않은 이유는 그가 바로 이와 같은 시 언어의 특징 때문이다.

> 구름으로 가득 찬 더러운 창문 밑에
>
> —「죽음 구름」 부분

> 혀는 흙기처럼 단단하다
>
> —「정거장에서의 충고」 부분

---

12) 이미지만으로 이루어진 시나 낯설기만 한 이미지의 충돌로 인해 시적 의미를 확보하지 못한 시는 현란한 수사에도 불구하고 우리에게 어떠한 의미나 감정도 전달하지 못한다. 그러나 기형도는 이러한 이미지의 충돌을 매우 효과적으로 수행하고 있으며 그러한 충돌을 통해 해당 시어의 의미를 복합적인 층위를 가진 것으로 만든다.

힘없는 책갈피는 이 종이를 떨어뜨리리
그때 내 마음은 너무나 많은 공장을 세웠으니

—「질투는 나의 힘」 부분

그대여, X자로 단단히 구두끈을 조이는 양복
소매끈에서 무수히 달의 지느러미가 떨어진다.

—「비가 2: 붉은 달」 부분

기형도의 시어가 만들어내는 이미지의 조합은 '구름'과 '더러운 창문'에서처럼 공간적 유사성 속에 드러나는 두 개의 상반된 느낌이거나 '혀'와 '흉기'에서처럼 형태적 유사성 속에 드러나는 이질적인 것. 그리고 '공장'에서처럼 전반적인 시적 분위기 속에 드러나는 이질적인 분위기이거나 '달의 지느러미'에서처럼 시어의 분위기가 형성하는 이질적인 것 등이다.

그렇기 때문에 '더러운 창문'은 깨끗한 '구름'과 충돌하며, 말랑말랑한 '혀'는 단단한 '흉기'가 되기도 하고, 책갈피와 마음 속에 '공장'이 들어서기도 한다. 특히 "X자로 단단히 구두끈을 조이는" 것은 "양복"인데, 그 양복의 소매끈에서 떨어지는 "달의 지느러미"로의 전이는 낯선 분위기를 형성한다. 그러나 이러한 시어의 조합은 낯설기만 한 것이 결코 아니다.

'구름'은 당연히 '창문'을 통해 바라볼 수 있는 대상이기 때문에 두 시어의 관계는 매우 긴밀한 것일 수밖에 없다. 그러나 '더러운 창문'을 통해 드러나는 것이 '구름'이기 때문에 '구름'이 환기하는 긍정의 이미지와 '더러운 창문'이 환기하는 부정의 이미지의 충돌이 주는 낯선 새로움과도 맞닥뜨리게 된다. '혀'와 '흉기' 역시 마찬가지로 그것의 상반된 이미지에도 불구하고 형태적 유사성을 찾아볼 수 있으며 '공장'의 경우도 마찬가지이다. 하지만 '공장'의 경우에는 1 : 1의, 시어와 시어 사이의 관계를 통해 드러나는 의미 구조를 가지고 있다기보다는 전체 시 속에 '공장'이라는 낯선 이미지가 이질적으로 들어간 경우이다. 이때 '공장'을 통해 이 시의 비극적 정서가 한층 더 강조되며 그것은 감상적인 시어와 분위기에 대한 '거리'를 형성하여 시적 대상에 대한 시인의 시선을 객관화시키게 된다. 물론 '공장'이라는 시어 하나로 인해 그런 것이라고는 할 수 없지만, '공장'이 이 시에 등장하는 '질투, 세월, 책갈피, 청춘, 희망, 사랑'이라는 감상적이고 관념적인 시어의 반대 지점을 보여준다는 것은 변함없는 사실이다. 그러나 기형도가 보여주는 이와 같은 이미지의 충돌은 앞서 이야기 한 바와 같이 극단으로 치닫지 않는다.

그가 드러내는 이미지의 결합은 '검은 안개'의 세계이다. 그의 '검은 안개'는 충격을 통해 독자들에게 다가서지 않는다. 안개가 번지는 것처럼, 그가 펼쳐 보이는 충돌의 세계는 은밀한 몽환과 아련한 추억의 세계이다. 이러한 이미지의 충돌과 결합은 다음 시에서 더 극명하게 드러난다.

크리스마스 트리는 아름답다
그것뿐이다

오늘은 왜 자꾸 기침이 날까
내 몸은 얼음으로 꽉찬 모양이야
방안이 너무 어두워
한 달 내내 숲에 눈이 퍼부었던
저 달력은 어찌나 참을성이 많았던지

바로 뒤의 바람벽을 자꾸 잊곤 했어
성냥불을 긋지 않으려 했는데
정말이야, 난 참으려 애썼어
어느새 작은 크리스마스 트리가 되었네
그래, 고향에 가고 싶어
지금보다 훨씬 더 어렸지만
사과나무는 나를 사로잡았어
그 옆에 은박지 같은 예배당이 있었지
틀린 기억이어도 좋아
멀고먼 길 한가운데
알아? 얼음가루 꽉찬 바다야
이 작은 성냥불이 어떻게 견딜 수 있겠어
어머니는 나보고
소다가루를 좀 먹으라셔
어디선가 통통 기타 소리가 들려
방금 문을 연 촛불 가게에 사람들이 몰려 있어
참 그런데
오늘은 왜 아까부터

—「성탄목: 겨울 판화 3」 전문

이 작품은 낯선 이미지의 층위가 저마다 자신의 영역을 확보하고 있다. 그 영역은 유사성보다 이질성에 기초하고 있다. 그래서 '얼음으로 꽉찬 몸'에서 '한 달 내내 숲에 눈이 퍼붓는 달력'으로 나아가고, 이것은 다시 '고향'과 '사과나무', '은박지 같은 예배당'으로 나아가며 '얼음가루 꽉찬 바다'와 '소다가루', '기타 소리'와 '촛불 가게'로 나아가게 된다. 그러나 이와 같이 이미지의 낯선 전이가 이루어진 경우에도 이미지의 충돌이 주는 충격의 효과만을 만들어내지는 않는다. 낯선 전이는 '아름다운' 그러나 전혀 '아름답지 않은' 크리스마스 트리를 향해 일관되게 나아가고, 그것이 전달하고자 하는 의미를 구조화시키는 역할을 한다.

한자어와 시적 사어(死語)의 새로움

기형도는 시어의 선택에 있어서도 병치의 기법을 사용할 때 나타나는 이질적 효과를 활용하고 있다. 기형도의 시에는 시어로서는 부적합해 보이는 한자어가 빈번하게 나타난다. 또한 감상적이거나 관념적이거나 논리적인 단어가 나타나기도 한다. 이때 한자어를 비롯한, 시적 정서와 거리가 먼 시어는 그러한 특성으로 인해 오히려 새로운 시적 정서를 환기시킨다. 이러한 시어를 사용해 만들어낸 새로운 감각은 시의 중요한 특성 중의 하나인 '낯설게 하기'를 효과적으로 수행하는 기능을 한다. 시어로서는 부적합해 보이는 한자어와 관념적이고 논리적인 시어 그리고 시어로서의 기능을 일부 상실한 감상적인 시어들은 그것들이 시어로서 부적합한 느낌을 자아내기 때문에 오히려 시적 정서를 불러일으킨다.

> 골목에서 놀고 있는 **부주의**한 아이들이
> 잠깐의 실수 때문에
> 풍성한 햇빛을 복사해내는
> 그 유리담장을 박살내곤 했다
> (…중략…)

어느날 그가 유리담장을 떼어냈을 때, 그 골목은
가장 햇빛이 안 드는 곳임이
판명되었다, 일렬로 선 아이들은
묵묵히 벽돌을 날랐다

—「전문가」 부분

사실, 완전을 위해서라면 두께가
문제겠는가? 나는 여러 번 장소를 옮기며 살았지만
죽음은 생각도 못했다, 나의 경력은
출생뿐이었으므로, 왜냐하면
두려움이 나의 속성이며
미래가 나의 과거이며
나는 존재하는 것, 그러므로
용기란 얼마나 무책임한 것인가, 보라

—「오래된 서적」 부분

너무 어두워지면 모든 추억들은
갑자기 거칠어진다
내 뒤에 있는 캄캄하고 필연적인 힘들에 쫓기며
나는 내 침묵의 심지를 조금 낮춘다

—「10월」 부분

나 역시 여태껏 수많은 사람들을 허용했지만
때때로 죽은 자들에게 나를 빌려주고 싶을 때가 있다

—「흔해빠진 독서」 부분

기형도의 시는 한자어가 낯선 정서를 불러일으키기도 한다. 물론 위에서 언급한 '부주의, 판명, 경력, 속성, 존재, 무책임, 필연, 허용' 등의 단어가 시어로서 전적으로 부적합한 것이라고는 할 수 없다. 그러나 대체적으로 시적 감정 상태가 제거된 것임은 분명하다. 기형도는 이처럼 감정 상태가 제거된 한자어를 자유롭게 사용하여 그것이 전달하는 낯선 지점을 통해 새로운 정서를 환기시킨다.

나오는 글

기형도가 드러낸 비극적 세계는 치밀한 언어의 힘으로 인해 구조화되었다. 물론 기형도의 작품에서 그의 생물학적인 죽음을 굳이 분리할 필요는 없다. 그러나 기형도의 시에서 우리가 주목해야 하는 것은 그의 죽음 자체가 아니라 그의 생애에 드리워진 비극과 시에 나타난 비극 그리고 그것이 어떤 방식으로 구조화되었는가이다.

기형도의 시에 드리워진 비극적 정서는 비극적인 주제와 소재 때문에 두드러지게 드러난 것이다. 그러나 그것은 단순히 주제나 소재의 차원 때문만은 아니다. 기형도는 자신이 드러내고자 했던 비극적 정서를 효과적으로 나타내고자 다양한 방법을 동원하고 있다. 기형도가 시를 대하는 태도는 주제나 소재 그리고 그것을 형상화하는 창작 방법에 있어서까지 비극을 극대화하기 위한 것처럼 보여진다. 그렇기 때문에 그의 시는 선택된 시어뿐만이 아니라 그것들의 결합과 이미지의 배치에 이르기까지 비극이라는 하나의 극점을 향해 치닫는다. 이것은 한자어를 비롯한, 시어로서 부적합해 보이는 시어들의 경우에도 마찬가지이다.

또한 기형도는 다양한 수사법을 동원하여 비극의 세계를 완성하고자 했다. 그중에서 기형도가 특히 주목한 것은 관형어였다. 기형도가 사용한 관형어는 다양한 형태로 비극적 정서를 드러낸다. 그것은 단순히 특정 시어를 다른 시어가 꾸미는 차원에 머물지 않고, 새롭고 다양한 이미지를 만들어낸다.

이처럼 기형도가 보여준 비극적 세계는 우연의 세계가 아니라 치밀하게 구성된 창작 방법의 산물이다. 따라서 기형도의 시에 드러난 비극성은 필연적일 수밖에 없다. 그는 시어 하나하나에도 자신이 드러내고자 하는 총체적인 비극의 세계를 표현하기 위해 비극적 정서를 부여했으며 그것들의 결합 역시 비극의 세계를 위해 구조화했다. 그렇기 때문에 기형도의 시를 분석하는데 있어 언어의 구조적인 문제는 중요한 것일 수밖에 없다. 기형도의 시는 구조화된 언어의 체계 위에 놓인 죽음과 비극을 통해 시인의 비극적인 세계를 드러내기 때문이다.

딜(deal), 욕망 너머의 고독을 위하여

-베르나르마리 콜테스의 희곡 『목화밭의 고독 속에서』[1]-

보편적 욕망과 고독의 모습

욕망과 고독의 양태를 딜(deal)의 모습으로 드러내는 베르나르마리 콜테스의 『목화밭의 고독 속에서』는 근대 이후에 보편화되고 양식화된 욕망과 고독을 통해 우리 삶의 한 단면을 보여주고 있다. 근대 자본주의 사회로 이행된 세계는 우리 삶의 모습을 근대 이전의 것과 전혀 다른 것으로 바꾸어 놓았다. 근대 이후 인간은 욕망에 대해 더욱 많은 집착을 하게 되었으며 개별화되고 파편화된 존재가 되어 버렸다. 물론 인간의 욕망과 고독은 근대 이후에 생긴 개념은 아니다. 그러나 근대 이전의 욕망과 고독의 모습과 근대 이후의 그것은 판이하게 다른 모습을 지니고 있다. 근

1) 베르나르마스 콜테스, 임수현 역, 『목화밭의 고독 속에서』, 민음사, 2005.

대 이후의 욕망과 고독은 개별화된, 개인의 특별한 무엇이 아니라 보편화되고 일반화된 개념이다.

보편화되고 일반화된 욕망과 고독은 인간에게 더 많은 욕망을 갈망하게 만들었으며 그와 같이 강화된 욕망은 인간을 더욱 깊은 고독의 나락으로 빠지게 했다. 인간의 욕망은 소유에 대한 욕구로부터 비롯되었다. 소유에 대한 욕구는 욕망을 낳고 욕망은 더 큰 욕망을 잉태하게 되는 것이다. 특히 근대 이후의 사회에서 소유는 욕망 자체를 지향하기도 한다. 소유에 대한 욕구가 자연스럽게 욕망으로 발현되는 것이 아니라 욕망을 향해 나아가는 욕망 자체가 목적이 되어 버리는 것이다.

근대 이후에 욕망이 보편화된 데에는 물질적 풍요가 중요한 이유로 작용을 했다. 풍요는 인간에게 물질적 욕망으로부터 놓여날 수 있는 자유를 가져다주지 못했다. 풍요는 인간에게 안락한 생활을 제공해 주었을지는 몰라도 소유에 대한 욕망으로부터 인간을 자유롭게 하지는 못했다. 인간은 물질적 풍요가 가능해지자 더 많은 것을 소유하기를 원하게 되었고 그것은 탐욕스럽고 게걸스런 욕망으로까지 나아가게 되었다.

딜러: 난 쾌락을 주려고 여기에 있는 게 아닙니다. 내가 여기 있는 건 욕망의 심연을 메우고, 욕망을 일깨우고, 거기에 이름을 붙여 지상으로 끌어내기 위해서니까요. 욕망에 형태와 무게를 부여할 때 불가피하게 주어지는 잔인함을 지닌 채 거기에 형태와 무게를 부여하기 위해서란 말입니다. 당신이 아무리 입술을 꽉 다물고 있어도 입가로 침이 새어 나오는 것처럼, 나에게는 당신의 욕망이 모습을 드러내는 게 보입니다.

(…중략…)

> 사람이 짐승과 같은 높이에서 걸어 다니고 모든 짐승이 모든 사람과 같은 높이에서 걸어 다니는 이 시간에, 모든 인간이나 짐승들이 두려워하는 건 고통이 아닙니다. 고통을 측정할 수 있고, 고통을 가하고 참아내는 능력 또한 측정 가능한 것이니까요. **인간과 짐승이 무엇보다 두려워하는 건 고통의 낯설음이고, 그 익숙지 않은 고통을 감내해야만 한다는 사실입니다.** (37~38쪽; 강조는 필자. 이하 같음)

콜테스가 『목화밭의 고독 속에서』에서 보여주고자 하는 세계는 주지하듯이 욕망과 고독에 관한 것이다. 콜테스가 『목화밭의 고독 속에서』를 통해 말하려고 하는 욕망과 고독은 전혀 다른, 별개의 개념이 아니라 서로 긴밀한 관계를 맺고 있는 상호 연관적인 것이다. 콜테스는 이 작품을 통해 인간의 욕망을 보여주고 있으며, 욕망 뒤편에 도사리고 있는 고독의 모습을 통해 욕망이 얼마나 커다란 고독을 잉태하는지를 말하고 있다. 결국 "인간과 짐승이 무엇보다 두려워하는 건 고통의 낯설음"인 고독이며 "그 익숙지 않은 고통을 감내해야" 한다는 것은 견디기 힘든 아픔인 것이다.

'파는 자' 혹은 '사는 자'의 욕망과 고독

『목화밭의 고독 속에서』에 드러나는 욕망과 고독은 '파는 자'와 '사는 자'의 대립 구도를 통해 나타난다. 이 둘의 대화는 하나의 지향점을 찾는, 합일의 공간을 향해 나아가는 것이 아니라 두 개의 대척점에 서서 끊임없이 대립하게 된다. 그래서 딜러는 "당신이 이 시간에 이런 동네를 돌아다니는 이유는 당신이 갖고 있지 않은 무언가를 원하기 때문"(9쪽)이라고 말하며 자신은 "욕망을 만족시키는 데 필요한 것을 가지고 있"(9쪽)다고 말한다. 그리고 그는 "마치 황혼 녘에 건물 위의 창문에 불이 켜지는 것을 보듯" "당신의 욕망을"(10쪽) 본다. 이에 반해 손님은 "어떠한 황혼 빛도, 어떤 종류의 욕망도 알지 못"(14쪽)하며 "어떤 욕망이 있었다 하더라도 잊어버리게 만들었을"(18쪽) 것이라고 말한다. 그러나 손님 역시 욕망에 대한 갈망이 전혀 없는 것은 아니다 손님의 욕망은 딜러와 같이 적극적으로 드러나지 않고 숨겨져 있을 뿐이다.

손님은 욕망을 드러내지 않는다. 그렇기 때문에 손님은 '파는 자'인 딜러와 하나의 지향점이나 합일점을 갖지 못하게 된다. 그들은 각자 자신의 주장만을 내세우며, 상대의 주장에 귀 기울이지 않는다. 그러나 손님에게 욕망이 전혀 없는 것은 아니다. 다만 그는 자신의 욕망을 공개적으로 드러내기를 거부할 뿐이다. 또한 손님에게 욕망은 딜러에게서처럼 절대적인 가치를 지니고 있는 것이 아니다.

> 손님: 난 당신을 알지도 못하고 알 수도 없고 다만 어둠 속에 있는 당신의 모습을 추측할 뿐입니다. (…중략…) 나는 낯선 땅 위에 피를 흘리듯 내 욕망을 아무 이유 없이 드러내고 싶지는 않습니다. 당신이야 손해 볼 게 없겠지요. 나의 걱정과 망설임과 경계심에 대해 알고 있으니까요. 당신은 내가 어디서 왔는지, 또 어디로 갈지도 알고 있습니다. 이 거리도, 이 시간도, 당신의 계획도 모두 알고 있지요. 난 아무것도 모르니 모든 위험을 감수해야만 합니다. (41~42쪽)

손님이 욕망을 드러내지 않는 이유는, 딜러의 정체를 알 수 없기 때문이며, 딜러가 손님의 모든 것을 아는 반면, 손님은 딜러에 대해 아무것도 모르기 때문이다. 그래서 손님은 자신의 욕망을 드러낼 수 없는 것이다. 아울러 손님은 딜러의 욕망과 전혀 다른 지점에서 딜러의 욕망을 바라보고, 욕망을 부정하고 있는 것일지도 모른다.

딜러의 욕망과 손님의 욕망, 혹은 딜러의 욕망과 손님의 욕망이 무화된 상태. 딜러와 손님 그리고 욕망은 구체적 실체를 가지고 있지 않다. 이것들의 상징은 폭넓은 외연을 통해 의미를 확대한다. 바로 이러한 지점으로부터 이 작품에 나타난 욕망의 실체에 대한 의문이 발생한다. 그러나 『목화밭의 고독 속에서』에 나타난 욕망의 실체가 구체적으로 드러나지 않음으로써 다양한 의미의 해석이 가능하다는 것은 이 작품이 지니고 있는 커다란 미덕이다. '욕망'의 구체적 모습을 지워버림으로써 『목화밭의 고독 속에서』는 커다란 의미의 진폭을 갖게 된다. 모호한 형태의 '욕망'은 독자들에게 작가의 '의도적 의미'와 작품의 '실제적 의미'를 넘어서서 다양한 '해석적 의미'에 이를 수 있게 한다.

딜(deal), 욕망, 고독 그리고 제로

콜테스는 '파는 것'과 '사는 것'이라는, 두 개의 대척점에 대한 언급을 하며 『목화밭의 고독 속에서』를 시작한다. 또한 그는 딜(deal)에 대한 언급을 통해 '파는 자'와 '사는 자' 사이의 대립을 양식화한다. 콜테스가 말하고 있는 딜(deal)은 단순히 물건을 사고 파는 구매와 소비의 관계가 아니다. 콜테스가 말하고 있는 딜

(deal)은 '배신과 사기'(7쪽)를 담고 있는 음험하고 위험한 것에 다름 아니다.

> A) 딜(deal)이란 금지되거나 엄격하게 통제되는 가치들을 취급하는 상거래이며, 원래는 그런 용도로 사용되지 않는 중립적이고 불특정한 공간에서, 공급자와 애원하는 자 사이의 암묵적 합의에 의해 체결된다. (7쪽)

> B) 손님: 나는 당신을 만족시켜 줄 만한 불법적인 욕망들을 갖고 있지 않습니다. 나의 거래는 공인된 낮 시간에, 전깃줄로 밝혀진 공인된 영업장소에서 이루어지니까요. (…중략…) 나의 공간은 합법적인 빛 아래 드러나 있고, 법에 정해진 대로 저녁이면 문을 닫고, 환한 전깃줄로 밝혀져 있지요. (…중략…) 어느 한구석에서라도 공인된 합법적인 소인이 붙어 있지 않은 곳은 한 발자국도 디디지 않으려 하는 사람에게, 당신은 대체 뭘 원하는 겁니까? (22쪽)

콜테스는 딜(deal)을 통해 팔고 사는 것을 "금지되거나 엄격하게 통제되는 가치"라고 규정짓고 있다. A)에서와 같이 『목화밭의 고독 속에서』의 딜(deal)이 지니고 있는 성격은 부정적인 것이다. "딜(deal)이란 금지되거나 엄격하게 통제되는 가치들을 취급하는 상거래"(7쪽)이며 "공식적인 상가들의 정해진 영업시간과는 무관하게 낮과 밤의 아무 시간에나, 그러나 주로 상가들이 문을 닫을 무렵에 이루어진다"(7쪽). 이때의 딜(deal)은 은밀하게 거래될 수밖에 없는 것들로 해석될 수 있다. 그런데 딜러는 손님에게 이와 같은 불법적인 것들을 구매하기를 요구하고 있다.

이에 반해 손님의 경우는 B)에서처럼 불법적이고 부정적인 것들을 거부하고 합법적인 것을 추구하고 있다고 밝힌다. 손님은 딜러가 은밀하게 제의하는 구매에 대해 '불법적인 욕망'을 가지고 있지 않다며 딜러의 제의를 거부한다. 손님의 거부는 곧 딜러의 실패를 의미한다. 그러나 손님 역시 거부 의사를 밝히고 있지만 은근히 자신의 욕망에 대한 속내를 가정을 통해 드러내기도 한다. 또한 손님은 딜러와 반대편의 지점에서 끊임없이 자신의 주장을 펼치고 있지만 손님의 주장은 딜러를 설득하지 못한다.

결국 딜러는 딜(deal)을 성공하지 못했으며 손님 역시 딜(deal)이 유혹하는 욕망으로부터 완벽하게 자유롭지 못하기 때문에 그 둘의 딜(deal)은 모두 실패로 끝났다고 볼 수 있다. 그리고 바로 그 지점으로부터 고독이 찾아온다. 욕망을 이루지 못할 때 그들이 맞이하게 되는 것이 바로 고독이다.

> 손님: 도대체 당신이 뭘 잃고, 내가 뭘 얻지 못했단 말인가요? 아무리 내 기억 속을 뒤져봐도, 난 아무것도 얻은 게 없습니다.
>
> (…중략…)
>
> 손님: 이 벌판 가운데서 길을 잃은 사람이 당신과 나, 우리 둘만 있는 건 아닙니다.
>
> (…중략…)
>
> 손님: 당신이 나를 때리려고 애쓴다 해도, 그리되지는 않을 겁니다. 내게 상처를 주려고, 어디 한번 애써 보시지요. 피가 흐른다면, 그건 양쪽 모두에서일 겁니다. 그리고 피로 인해 어쩔 수 없이 하나가 되겠지요. 맹수들에 둘러싸여 모닥불 가에서 서로 피를 나누는 인디언처럼 말입니다. 사랑이란 없습니다. 사랑은 없어요. 아니 당신은 이미 존재하는 건 아무

> 것도 손에 넣을 수 없을 겁니다. 인간은 죽은 다음에야 자신의 죽음을 찾아 헤매고, 하나의 빛으로부터 또 다른 빛을 향해 이동하는 위험한 여정 중에 마침내 우연히 죽음을 만나게 되니까요. 그리곤 이렇게 말하죠. 결국 이것뿐이었나. (77~78쪽)

손님은 아무 것도 사고팔지 못한 자신과 딜러 중에서 어느 한 쪽에만 상처가 생겨도 '피'는 둘 다에게서 날 것이라고 말한다. 결국 딜(deal)의 실패는 양쪽 모두에게 상처가 된다는 것이다. 그리고 어쩔 수 없이 하나가 된다고 하더라도 그것은 그야말로 어쩔 수 없는 경우에 국한된 것이며, 사랑이란 없는 것이라고 말한다. 그래서 "인간은 죽은 다음에야", 자신의 존재가 사라지고 난 뒤에야 "자신의 죽음"이라는 실체로서의 죽음을 찾아 헤매게 된다고 밝힌다. 결국 죽음을 찾아 헤매는, 위험한 여정이 지난 뒤에야 죽음을 만나게 된다. 그리하여 그 다음의 공간에 '욕망으로서의 딜(deal)'이 실패로 끝난 후의 고독이 오게 된다. "결국 이것뿐이었나"라고 말하게 되는 것은 바로 이러한 이유 때문인데 딜(deal)을 통해 욕망이 드러난다면, 고독은 그 후에 오는 결과인 것이다. 딜(deal)을 통해 욕망이 드러나고 욕망 후에 고독이 오게 되는데 고독의 공간은 고립된 세계이다. 딜러와 손님은 서로에게 다가서지 못한 채 고립된 세계에 남게 된다.

형식과 언어

콜테스가 『목화밭의 고독 속에서』를 통해 드러내는 욕망과 고독은 근대사회에서 이미 보편화되고 양식화된 것임에도 불구하고 낯설고 충격적인 모습을 하고 있다. 희곡이라기보다는 두 사람의 진술의 나열과 같은 『목화밭의 고독 속에서』는 전통적인 희곡의 문법을 따르지 않고 있기 때문에 읽는 이로 하여금 당혹감을 느끼게 한다. 또한 배경과 행동에 대한 지시문 역시 없는 이 작품은 끊임없는 비유와 상징을 통해 독자들을 낯선 상징의 세계로 인도한다.

> 손님: (…전략…) 난 말이죠. 당신을 모욕할 생각도, 기쁘게 할 생각도 없습니다. 친절하게 굴거나, 못되게 굴거나, 때리거나, 얻어맞거나, 유혹하거나, 당신에게 유혹당하고 싶은 생각도 없습니다. 난 그저 제로이고 싶습니다. 난 따뜻한 온정도 싫고, 남과 반드시 친해져야 한다는 사명감도 없고, 주먹질이라는 폭력 이상으로 우정이라는 폭력을 두려워한단 말입니다. 그러니 서로 비집고 들어갈 수도 없고, 그저 잠시 나란히 놓여 있다가 각자의 방향으로 굴러 가는 그런 두 개의 제로가 됩시다. 정의할 수 없는 시공간인 이 시간과 이 장소의 끝없는 고독 속에서 우린 혼잡니다. (68~69쪽)

두 사람의 대화를 통해 드러나는 형식은 고립된 두 세계를 표현하는데 적합한 방식이라고 할 수 있다. 그들의 대화는 결코 상대방을 설득하지 못하고 있다. 외부와 어떠한 관계도 맺지 못하는 섬처럼 완벽한 고립을 향해 나아가는 것이 딜러와 손님의 대화이다.

콜테스가 사용하는 비유와 상징은 이 작품에 드러난 '욕망'의 모습을 더욱 모호하게 만드는 데 효과적으로 사용되고 있다. 다시 말하면, 비유와 상징을 통해 '욕망'의 모습이 모호하게 만드는데 이것은 '욕망'의 실체를 드러내지 못하게 함으로써 다양한 의미의 해석을 가능하게 만든다.

마치는 글

『목화밭의 고독 속에서』는 욕망으로 가득한 근대 이후의 사회 문제를 매우 효과적으로 다루고 있다. 욕망의 실체를 드러내지 않음으로써 다양한 근대 이후의 욕망을 아우를 수 있는 포괄적인 주제 의식을 확보했다고 볼 수 있는 것이다. 만약 이 작품에 나타난 욕망의 실체가 셰로가 연출한 첫 번째와 두 번째 연극에서처럼 구체적이었다면 근대 이후의 일상을 표현하는데 한계가 있었을 것이다. 『목화밭의 고독 속에서』는 구체적 실체를 통해서가 아니라 숨겨진 세계를 통해 상징적 의미를 획득하게 된다. 상징적 의미를 통해 전달될 때라야 『목화밭의 고독 속에서』는 확대된 세계를 형성할 수 있게 된다. 그렇기 때문에 『목화밭의 고독 속에서』의 상징은 의미의 확장이라는 측면에서 중요한 의미를 갖는다.

앞에서 이야기한 바와 같이 『목화밭의 고독 속에서』의 두 주인공의 대화는 고립된 곳에서의 공허한 울림이다. 단절되어 겉돌고 있는 딜러와 손님의 대화는 더 이상 대화가 아니다. 그들의 대화는 의사소통의 부재에 다름 아니다. 이들의 대화가 이처럼 단절된 의사소통의 부재로 드러날 수밖에 없는 것은 근대 이후의 인간들의 삶의 방식과도 무관하지 않다. 더 이상의 소통이 불가능한, 단절된 우리의 일상이 이들의 대화와 다를 바가 없기 때문이다. 인간의 삶은 서로 긴밀하게 연결되어 있는 것처럼 보이지만 개별화되고 파편화된 일상과 같이 낱낱이 분리되어 있다. 그래서 딜러가 끊임없이 구매를 강요했지만 손님은 아무 것도 듣지 못했으며 손님은 자신의 욕망에 대한 생각을 말했음에도 불구하고 딜러는 아무 것도 듣지 못한 것이다. 그렇기 때문에 그들은 다음과 같은 말을 하게 된다.

> 딜러: 제발 부탁입니다. 이 시끄러운 밤의 소음 속에서 당신은 내게 원하는 걸 아무것도 얘기하지 않았단 말입니까? 혹 내가 못 들은 건 아닌지요?
>
> 손님: 난 아무 말도 하지 않았소. 아무 말도. 그러는 당신은, 이 밤에, 익숙해지려면 한참이 걸릴 정도로 짙은 이 어둠 속에서, 내게 아무것도 제안하지 않았단 말입니까? 내가 알아맞히지 못한 건 아닌지요? (79쪽)

제2부

노마디즘, 디아스포라 그리고 먼 곳으로부터의 전언

—마종기, 길상호, 한세정, 하린, 조인호의 시—

삶의 정체성을 잃어버린 현대인들에게 노마디즘은 잊혀진 꿈을 복원하는 것과 다름 없는 것이다. 현대인의 삶은 끊임없는 자기 부정을 통해 현재의 자신을 부정하고 노마디즘의 세계로 나아가기를 희망하지만 우리의 삶을 억누르는 모든 현실은 노마디즘의 세계를 철저하게 차단한다. 자아를 잃어버린 현대인들은 자아의 회복을 위해 이상의 공간을 구축하기 마련이다. 그러나 실제의 삶 속에 마련되는 것은 이상향으로서의 삶이 아닌, 현대문명 속에 억눌린 '현실'일 뿐이다. 현대인들은 그 안에서 끊임없는 탈출을 꿈꾸지만 물질이 주는 안락함을 벗어나기란 쉽지 않다. 그래서 노마디즘은 우리의 이상이지만 쉽게 도달할 수 없는 지점일 수밖에 없다.

우리 문학에 나타나는 노마디즘 혹은 디아스포라의 문제는 이러한 현대인들의 비극을 환기한다. 보편적으로 노마디즘이 긍정적인 의미를 환기한다면 디아스포라는 현대인의 비극을 떠올리게 한다. 유대인들에게 국한되었던 디아스포라는 이제 정처 없이 떠도는 삶을 살 수밖에 없는 현대인들을 지칭하는 광의의 의미로 확장되었다. 디아스포라의 삶을 살고 있는 현대인들은 현실의 영역 외부에 있는 지점을 꿈꾸고 어디론가 떠나기를 희망한다. 디아스포라의 삶을 살고 있는 우리의 정신은 황폐하지만 우리의 육신은 유목의 삶을 꿈꾼다. 물론 이때의 유목은 노마디즘으로서의 유목을 의미한다. 그런 점에서 디아스포라라는 비극 속에서 현대인들은 희망의 단초인 노마디즘의 유목을 갈망한다. 현대인들이 꿈꾸는 것은 정처 없는 디아스포라가 아니라 노마디즘으로서의 유목의 삶이다.

현대인들에게, 그들이 정착해 사는 현실의 공간은 꿈을 잃어버린 곳이다. 붙박여 사는 그곳은 삶의 정처 없음을 극대화시키는 곳이다. 그렇기 때문에 그곳은 안정된 정착지로서의 현실이지만 결국 비극적인 디아스포라의 공간일 수밖에 없다. 잃어버린 것을 회복하기 위하여 현대인들은 희망의 공간을 꿈꾸고, 노마디즘이 완벽하게 재현된 이상향을 지향한다. 시인은 디아스포라의 비극을 극복하기 위해 노마디즘의 영역과 함께 비극적 디아스포라의 이야기를 펼쳐놓게 된다. 이때 노마디즘의 영역으로 진입하기 위해 시인의 시선은 먼 곳으로의 이동을 경험하는 경우가 많다. 이때 나타나는 이동의 경로는 여행이나 유목과 같은 여정을 경험하게 된다. 이와 같은 여정을 통해 문학은 과거와 미지의 전언을 들려주고, 그것을 통해 노마디즘의 세계를 보여주고자 한다.

유적의 공간과 과거로부터의 전언

너무 넓어서 무섭게 조용한 들판에 들어서니
소아시아 지방의 아득한 유적지에 도착했다.
그 시절 유행어로 짖어대는 헐벗은 개 한 마리.
때 묻은 눈에는 행선지의 지명이 지워져 있다.
갑자기 어디서 도착한 빗소리가 들판을 뒤집고
수천 년 늙은 돌들은 소란한 진동이 귀찮다고
(…중략…)
돌아보면 빛나고 슬프고 아련한 것만 펼쳐 있고
앞을 보면 부질없는 방랑자들의 발걸음이
어둑한 저녁이 되어도 찾아갈 곳이 없다.
관광객은 아직 짜릿한 승리만 보고 싶은 것인지
아니면 패배한 죽음의 소식만 듣고 싶은 것인지.
비에 파인 땅은 반나절도 되기 전에 잠잠해지고
모양 죽인 마모된 돌들 다시 쉽게 잠에 빠진다.
인류의 문명은 결국 비의 속도가 결정한다.
진혼을 위해 사람도 집도 뜰도 호흡을 멈추고
비 그친 소아시아 보름달이 몸을 떨며 오른다.

—마종기, 「유적지의 비」(『문학과사회』, 2010년 겨울호) 부분

안데스 산맥 얼음 구덩이 속에서
잉카 소녀가 발견되었다
오백 년 된 구름 솜뭉치가
죽음 쪽으로 열린 구멍을 틀어막은 채
부패의 시간을 밀어내고 있었다

(…중략…)

유리상자에 옮겨진 소녀를

얼음보다 차가운 눈 속에 넣어두고

내 심장에도 살얼음이 끼고 있다

—길상호, 「얼음소녀」(『애지』, 2010년 겨울호) 부분

「유적지의 비」의 화자가 들판에 도착해서 마주한 것은 '아득한' 유적지이다. 여행자인 그는 유적을 보고 머나먼 이국의 과거가 전해주는 이야기에 귀를 기울인다. 이때 여행자가 듣고자 하는 것은 유적지의 이야기가 아니라, 사라진 유적지를 통해 느낄 수 있는 현재의 비극이다. "비의 속도로 결정"되는 "인류의 문명"은 "소아시아 지방의 아득한 유적지"와 대척점을 이룬 지점에 놓여 있다. 그렇기 때문에 여행자가 느끼는 현실은 비극이 되고, 이제는 멸망한 과거의 유적지는 회귀하고 싶은 본류가 된다. 하지만 회귀하고 싶은 본류인 유적지는 사라지고 없기에 여행자는 비극적이다. "돌아보면 빛나고 슬프고 아련한 것만 펼쳐 있는" 곳에서 "앞을 보면 부질없는 방랑자들의 발걸음"은 "어둑한 저녁이 되어도 찾아갈 곳이 없다". 유적지는 사라진 과거이고 관광객은 그곳과 합일될 수 없는 존재이다. 마종기가 보여주는 유적지와 관광객의 모습은 하나의 공간에 있지만 그들의 시간은 서로 다르기 때문에 결코 만날 수 없는 비극과 맞닥뜨리게 되는 것이다.

길상호가 보여주는 유적지의 비극도 크게 다르지 않다. 발굴된 잉카 소녀와 시적 화자는 서로 대면하고 있지만 그들은 서로 다른 시간에 놓인 존재들이다. 죽음과 삶이라는 서로 다른 영역 속에서 시적 화자가 경험하게 되는 것은 죽음과 다를 바 없는 자신

의 모습이다. 그래서 "유리상자에 옮겨진 소녀를/얼음보다 차가운 눈 속에 넣"은 화자의 "심장에도 살얼음이 끼고 있"는 것이다.

「유적지의 비」와 「얼음소녀」를 통해 시적 화자는 현재의 자신의 모습을 발견한다. 현재의 비극을 인식하고 나서 화자는 소멸되어 버린 과거의 흔적을 통해 삶의 본질로서의 노마디즘을 떠올린다. 그래서 과거의 흔적은 소멸이라는 비극이지만 그것은 현재의 화자에게 노마디즘에의 갈망을 만든다. 그렇기 때문에 비극인 과거가 노마디즘의 영역 안으로 편입되는 것이다.

미지의 세계로 향하는 길

우리는 행선지를 지우고
각자의 안부를 준비한다

검은 점이 허공에 퍼질 때까지
주사위를 던지고
부딪히고 넘어지고
무너지면서
서로의 이름을 잊어버리고
멀어지는 점을 향해 손을 흔든다

(…중략…)

심장으로부터 시작된 길들이
다시 도열하지 못하도록

단단히 가슴을 움켜쥔다

—한세정, 「밴 디먼의 땅」(『시인시각』, 2010년 겨울호) 부분

사람들은 왜 북쪽에 죽음의 알리바이를 두는가

바람은 왜 북쪽 숲을 떠돌다 하필 사람에게로 와서 시드는가

사람들은 알 수 없는 일을 왜 북쪽의 기별이라고 믿는 것인가

북쪽은 저녁인가 아침인가

북쪽은 미래인가 과거인가

북쪽에 대한 물음을 던지다가 사라진 사람들은 어떤 답으로 환생하는가

—하린, 「북쪽에 대한 물음」(『시인시각』, 2010년 겨울호) 부분

「밴 디먼의 땅」과 「북쪽에 대한 물음」은 미지에 대한 갈망과 동경이다. 미지의 세계가 존재하는 구체적인 장소는 시인 자신도 모르는 곳일 테지만, 그곳은 앞서 이야기 한 유적의 공간과는 달리 긍정의 의미를 내포한다. 유적의 경우, 소멸에 이른 그곳을 통해 현재의 비극을 환기하고 노마디즘에 대한 갈망을 불러일으킨다면, 미지의 세계는 구체적 실체를 지니고 있지는 않지만 비극이 아닌 긍정의 공간을 통해 노마디즘을 향한 소망을 보여준다. 그러나 이때에도 구체적 지점을 지향할 수 없다는 점은 노마디즘의 공간이 명확하게 존재하지 않기 때문이다. 그렇기 때문에

이 경우에도 노마디즘을 향한 갈망은 결국 비극으로부터 비롯된 것일 수밖에 없다.

'밴 디먼'은 호주에 있는 섬 테즈메이니의 옛 이름으로 흔히 아주 먼 어떤 곳을 지칭할 때 쓰는 말이다. 시인이 마련한 지명은 '아주 먼 곳'이라는, 실체를 가지고 있는 않은 곳이다. 따라서 가고자 하지만 결코 갈 수 없는 곳이 바로 "밴 디먼의 땅"인 것이다. 그리고 "밴 디먼의 땅"을 소망하는 우리들은 "서로의 이름을 잊어버"린 존재들이다.

하린이 「북쪽에 대한 물음」을 통해 말하는 곳 역시 구체적 실체를 지니지 않는다. 사실 이 시의 '북쪽'은 모호한 측면이 강하다. 그러나 '북쪽'의 상징을 파악하지 않아도 상관이 없다. 이 시에서 주목한 곳은 '북쪽'이 아니라 우리 삶의 알 수 없는 의문과 비극의 공간이기 때문이다. 그러나 북쪽에 대한 의문과 비극은 외부의 폭력과 같은 폭압적인 것이 아니다. 그곳의 비극은 우리의 내면에 자리 잡고 있는 디아스포라의 모습과 유사한 것이다. 어떤 점에서는 노마디즘의 세계를 꿈꾸는 자가 느끼는 내면의 절망인 것이다. 북쪽의 세계인 그곳은 남쪽이어도 동쪽이어도 서쪽이어도 상관이 없다.

환상과 고독의 노마디즘

불가사의한 눈이 내리고 있었다.

드넓게 펼쳐진 설원(雪原)의 끝.

붉고 거대한 오함마가, 지상으로 침몰하고 있었다.

사나이는 국경의 끝에서 눈 더미 위에 엎드린 채 소리굽쇠처럼 떨고 있었다. 국경의 밤 속으로, 사나이는 흐느끼며 캄캄히 담금질돼 갔다.

철의 사나이가,
대지 위에 누워 구소련(舊蘇聯)처럼 지워지고 있었다.

묵직한 해머처럼
침묵한 채

밤의 새하얀 밑바닥으로
파묻혀갈 때

보아라, 사나이는 의식의 흐름 끝에서 붉게 녹슨 거대한 보일러를 만난다.

그 순간,
사나이의 의식의 흐름이 증기처럼 뜨거워지고
사나이가 강력한 기관처럼 가동되기 시작할 때

사나이는 붉게 녹슨 거대한 철의 바퀴를 굴린다.
*
눈보라 속……증기기관차처럼 국경을 달리는 사나이여,
*

대륙횡단철도처럼 의식의 흐름 끝에는 국경이 없으므로

*

그 노동을 상상하는 철의 상상력으로……

*

한 인간을 상상하는 철의 견인력으로……

*

나는 이 불가사의한 땅 끝까지 덜컹덜컹 끌려왔으므로

—조인호, 「설국열차」(『현대시』, 2011년 1월호) 부분

조인호 역시 한세정과 하린처럼 미지의 영역을 노래한다. 설국열차가 가고 있는 곳은 구체적으로 알 수 없고, 사나이 역시 현실적인 인물이 아니다. 그러나 조인호의 시는 미지의 영역을 향해 나아가고 있기는 하지만 매우 현실적인 대상물을 통해 재현된다는 점이 다르다. 사나이는 '소리굽쇠처럼' 떨고 있고 "대지 위에 누워 구소련처럼" 지워진다. 다만 이때 사용되는 대상물은 정상적인 문장으로 기능하는 것이 아니라 전혀 다른 방식으로 기능함으로써 시적 정황을 낯선 것으로 치환한다. 따라서 현실적인 대상을 통해 시가 전개되고 있기는 하지만 그것이 제시하는 풍경은 환상적일 수밖에 없다.

시인은 "이 불가사의한 땅 끝까지 덜컹덜컹 끌려왔으므로" 설원 너머의 세계에 도달하기란 쉽지 않다. 또한 설원 너머의 세계가 "불가사의 한 땅"과 대척점에 있는 곳인 지 알 수도 없다. 분명한 것은 밤과 국경과 설원에서 "사나이의 의식의 흐름이 증기처럼 뜨거워지고" "강력한 기관처럼 가동되기 시작" 한다는 것이다. 그래서 사나이는 "거대한 철의 바퀴를 굴"려 "증기기관차처럼 국경을 달"린다. 그러나 사나이가 이토록 절박하게 달리는 이

유는 앞에서도 밝힌 바와 같이 "이 불가사의한 땅 끝까지 덜컹덜컹 끌려왔"기 때문이다.

> 국경의 긴 터널을 빠져나오자, 눈의 고장이었다. 밤의 밑바닥이 하얘졌다. 신호소에 기차가 멈춰 섰다.*
>
> 기관실 밖으로
> 검붉은 삽을 어깨에 짊어진 채
> 방독면을 쓴
> 한 사나이가 걸어 나온다.
>
> 붉게 탄 석탄 같은 광대뼈와 횡단철도 같은 쇄골을 가진 화부(火夫)여,
> 국경의 밤.
> 내가 대지 위에 무한의 철도를 철커덩 철커덩 놓듯
> 그 고독한 노동을 상상할수록,
>
> 그 사나이의 운동에너지는 위험하다.
>
> —조인호, 「설국열차」 부분

「설국열차」는 디아스포라의 비극을 재현함으로써 암담한 의식 속에 침잠해 있는 우리 삶의 불안과 고독을 건져 올린다. 그래서 사나이는 지워지고 침묵하며, 밑바닥으로 파묻혀 간다. 물론 그와 같이 침잠할 때 사나이는 비로소 뜨거워지고 바퀴를 굴리고 국경을 달려 국경의 긴 터널을 빠져나온다. 그러나 국경의 긴 터널을 지나 도착한 눈의 고장 역시 노마디즘의 세계가 아니다. 그

곳 역시 터널 저편의 세계와 다를 바 없는 곳이므로 "방독면을 쓴/한 사나이가 걸어 나"오고 "고독한 노동을 상상할수록" "그 사나이의 운동에너지는 위험하다". 설원을 달리지만 결코 노마디즘의 세계에 도달할 수 없음을, 디아스포라의 세계를 맴돌게 될 뿐임을 시인은 알고 있다. 그래서 설국열차는 터널의 이편과 저편에서 모두 목적지 없는 "무한의 철도"를 끊임없이 달려야 하는 운명이며, 그것은 결국 숙명이 된다.

유목을 꿈꾸는 디아스포라의 삶

노마디즘이 액체와 같이 무정형화된, 유연한 것이라면 디아스포라는 결코 바뀌지 않는, 정형화된 삶에 다름 아니다. 현대의 우리의 삶은 고체와 같이 정형화된 디아스포라의 비극 위에 놓인 삶이다. 우리는 이러한 고체의 질서 안에서 액체의 질서인 노마디즘의 세계를 꿈꾼다.

노마디즘에 대한 갈망은 작품 속에서 희망의 모습으로 등장하지 않고 비극의 모습을 통해 재현되는 경우가 많다. 따라서 디아스포라의 비극을 통해 노마디즘을 조망하는 경우가 많은 것이다. 앞에서 언급한 작품들 역시 대체적으로 디아스포라의 인식을 드러냄으로써 노마디즘을 지향하고 있다. 소멸한 유적지와 시신이 그러하며 머나 먼 세계를 꿈꾸는 모습이 그러하다.

디아스포라의 삶은 어쩌면 거부할 수 없는 현대인의 삶의 모습이다. 그렇기 때문에 우리는 노마디즘의 세계를 지향하는 것이다. 문학 작품 속에 노마디즘이라는 긍정이 직접적으로 등장하기보다, 디아스포라라는 부정의 세계를 통해 노마디즘이 나타나는 이유는 현대의 속성과 문학의 본질이라는 측면과 맞닿아 있다. 현대가 부정의 이미지를 근간으로 하고 있기 때문에 디아스포라라는 부정의 정신을 통해 우리 삶을 조망하는 것은 당연한 것이다. 아울러 디아스포라를 통해 노마디즘의 세계를 드러내는 것은 반어와 역설과도 맞물려 현대의 비극성을 드러내는 데 더욱 효과적일 수밖에 없다.

우리들을 극복하는 우리들의 언어
: 1980년대생 시인들의 새로운 가능성

-서효인, 이혜미, 권민경의 시-

2000년대로 접어들면서 등장한 젊은 시인들의 감각과 상상력은 새로운 감수성을 바탕으로 문단에 신선한 충격을 전해 주었다. 그것은 비단 전위 진영의 시인들뿐만이 아니었다. 그들의 새로운 감수성과 언어는 전위에 국한되지 않고 다양한 형태로 재현되었다. 1970년대생 시인들은 본격적인 산업화의 세례를 받고 자란 세대이다. 이전 세대에 비해 물질적 풍요로움을 누릴 수 있었던 그들은 컴퓨터와 인터넷을 능동적으로 사용한 최초의 세대이고, 컬러텔레비전과 영상매체의 세례를 받으며 성장기를 보낸 세대이기도 하다. 따라서 1970년대생 시인들의 감각은 이전 세대와는 태생적으로 다른 것일 수밖에 없는 것이었다. 이러한 특성 때문인지 1970년대생 시인들이 자신의 목소리를 온전히 내는 데에는 오랜 시간이 소요되었다. 그들의 발성이 시의 언어로 인정

받고, 시단의 전면에 부상하게 된 것은 그들이 첫 시집을 내기 시작할 무렵인 2000년대 중반에 이르러서였다.

이들 1970년대생 시인들이 주목 받게 된 계기는 한 평론가의 새로운 전위에 대한 글이 논쟁을 불러일으키면서였다. 이 논쟁은 그것의 옳고 그름을 떠나, 우리 시의 외연을 확장시켰다는 점에서 긍정적인 것이었다. 하지만 그 논쟁은 '전위'의 측면이 지나치게 강조되는 결과를 낳고 말았다. 물론 그렇다고 해서 그러한 논쟁이 소모적이었다거나 합리적이지 않다는 것은 아니다. 분명 그 논쟁은 유의미한 것이었으며 새로운 전위를 발굴했다는 점에서 긍정적인 것이었다. 또한 이러한 논쟁이 시에 대한 건강한 관심을 마련했음도 부인할 수 없는 사실이다.

일견 '전위'에 집중되어 있는 것만 같은 1970년대생 시인들의 작품은 그러나 실제로는 무척이나 다양한 경향과 가능성을 보여주고 있다. 그들은 다양한 시적 경향을 통해 자신만의 세계를 구축해나갔다. 그런 점에서 그들의 세계는 '전위'로 종결된 것이 아니었다. 또한 1970년대생 시인들은 이전 세대인 1960년대생 시인들과 정서적인 친화력을 보인다기보다는 1980년대 이후 세대와 친화력을 보이고 있다. 그것은 1970년대 이후의 사회적 삶의 양식이 1960년대보다는 1980년대와 유사성을 보이고 있는 것과 무관하지 않다. 1970년대생 시인들은 이전 세대 시인들보다 1980년대 이후의 세대와 정서적, 문화적인 유대감을 가지고 있다.

1970년대생 시인들은 자신들만의 어법을 공인받는 데에 오랜 시간이 걸렸다. 하지만 1980년대생 시인들의 경우는 1970년대생 시인들이 열어놓은 세계의 자장 안에 놓임으로써 자신의 목소리를 내는 데에 오랜 시간이 걸리지 않았다. 그들은 선배 시인들이 열어놓은 영역으로 자연스럽게 편입된 측면이 있다. 어떤 면에서

1980년대생 시인들은 1970년대생 시인들과 거의 비슷한 문학적 연대기를 갖는다고도 할 수 있다. 최근 1980년대 시인들의 시가 주목 받고 있는 것은 새로운 감각이 본격적으로 주류 질서 안에 편입되었음을 의미하는 것 이상을 나타낸다. 이제 더 이상 젊은 시인들의 언어는 논란의 대상이 되지 않는다. 그러나 2000년대 중·후반에 집중적으로 등장한 이들 1980년대생 시인들의 작품은 일정한 한계를 지니고 있기도 하다. 우선 그들이 1970년대생 시인들이 개척한 지점에 무임승차하고 있는 듯한 인상을 준다는 점이다. 물론 그것 자체는 잘못된 것이 아니지만 1970년대생 시인들의 여러 시적 유형 중에서 특정 유형의 스타일을 따르고 있다는 점은 우려할만한 것이다. 1970년대생 시인들의 다양한 시적 발화 가운데 특정한 것을 반복하여 패턴화하는 부분은 그들이 극복해야 할 중요한 문제이다.

1980년대생 시인들은 젊은 나이에도 불구하여 언어를 구사하는 능력이 뛰어나다는 공통점을 가지고 있기도 하다. 그들의 언어는 매력적이며 그들은 그것을 능숙하게 다룰 줄 안다. 하지만 언어를 다룬다는 것은 언어를 조립하고 만드는 것과는 다른 것이다. 언어를 다루는 능력이 중요한 것이기는 하지만 그것이 지나치게 작위적일 때 시가 줄 수 있는 진정성은 반감될 수밖에 없다.

이런 가운데 새로운 가능성을 제시하고 있는 세 명의 1980년대생 시인들을 소개할까 한다. 2006년 『시인세계』로 등단한 이래 시집 『소년 파르티잔 행동 지침』(민음사, 2010)을 출간한 서효인 시인과 2006년 〈중앙신인문학상〉으로 등단한 이혜미 시인 그리고 2011년 〈동아일보 신춘문예〉로 등단한 권민경 시인이 그들이다. 이들의 언어는 모호한 환상과 유년이라는, 젊은 시인들의 패턴화된 특성에 기대고 있지 않으며, 알 수 없는 세계를 그럴듯한 언어로 빚어놓는 오류도 저지르지 않는다.

구멍에 손을 집어넣는 것으로 시작하자 가장 깊게 들어간 손마디에서 씻을 수 없는 냄새가 밴다 여기는 섬이고 축축한 바람이고 떨리는 동굴이다 제임스 일병이 석양을 등진 국기에 거수경례를 한다 씻을 수 없는 것은 씻지 않은 채로 두어야 한다고 장엄한 연주는 가르쳐주고 있다 구멍에 손을 넣었다 빼고 다시 넣고 하는 것으로 시작하자 글로리 랜드, 글로리 랜드, 빠르게 되뇌자 제임스는 상병이 되는 날을 손꼽아 기다린다. 알몸으로 욕실에 들어가 비누나 음모를 줍는 일, 부탄이나 네팔 사람들과 위스키를 마시는 일, 마늘이나 향신료 냄새 속에서 키스를 하는 일에 대해 상상해 본다 이 땅은 영광으로 가득하고 제임스는 귀 옆을 동아시아의 샤먼처럼 파르라니 정리했다 바람의 눅눅함이 머리의 맨살을 스치고 지나간다 구멍에 혀를 마주하는 것부터 다시 시작하자 이 구린내가 구멍의 것인지, 손의 것인지, 섬의 것인지 제임스는 알 수 없는 일에 대해서는 그냥, 킁킁거리기로 한다

—서효인, 「관타나모 포르노」(『시와시』, 2011년 봄호) 전문

최근 「아이티 회의록」을 통해 빼어난 정치성을 보여주었던 서효인은 비슷한 시기에 발표한 「관타나모 포르노」에서도 의도된 의미와 감각적 표현이 매끄럽게 결합된 지점을 선보이고 있다. 서효인이 이 시에서 보여주고 있는, 현실과 결합한 상상력은 말해야 하는 것들에 대한 발언과 말하기의 방식 모두를 포기하고 있지 않다. 그는 형식과 내용이라는 양자를 치밀하게 구조화한다. 관타나모 해군기지는 주지하듯이 쿠바령이면서 미국이 주권

을 행사하고 있는 곳이다. 이곳에는 관타나모 수용소가 있으며 미국은 9.11 테러 이후에 구체적 증거나 적법한 절차 없이 탈레반에 연루되었다고 의심되는 사람들을 수용하고 있다.

서효인은 제임스 일병의 행동과 상상을 통해 제국주의의 오만함을 폭로하고 있다. 제임스 일병은 "석양을 등진 국기에 거수경례를 한다". 경례를 하는, 애국심의 표상이 될 만한 인물인 제임스 일병은 제국주의로서의 미국의 모습에 다름 아니다. 부조리한 미국의 모습과 동일시 되고 있는 그의 손마디에서는 "씻을 수 없는 냄새가" 배어 있다. 그에게 관타나모의 부조리는 아무런 상관도 없는 일일 뿐이다. 그는 다만 "알몸으로 욕실에 들어가 비누나 음모를" 줍거나 이국의 사람들과 위스키를 마시거나 키스를 하고 싶을 뿐이다. 그에게 모든 불행은 자신과 무관한 일이기 때문이다. 구린내가 나지만 그는 알 필요가 없기 때문에 "그냥, 킁킁거리기"만 한다. 시인은 소리 높여 세상의 부조리에 대해 말하지 않는다. 그는 다만 만들어진 정황을 제시할 뿐이다. 이 시가 우리에게 감동을 주는 이유는 관타나모라는 사실을 직접적으로 드러내지 않는다는 데 있다. 시인의 상상력에 의해 만들어진 사건과 정황은 충분히 사실적이면서 동시에 만족할만한 문학적 감각을 드러낸다.

서효인은 최근 「아이티 회의록」과 「관타나모 포르노」 등과 같은 작품으로 사회적인 발언에 관심을 기울이고 있다. 그의 이러한 행보는 매우 긍정적인 것이다. 모든 시인이 정치성을 드러낼 필요는 없지만 그가 세상을 향해 외치는 언어는 몽환적인 상상력이 판을 치는 우리 시단에 의미 있는 작업이 될 것임이 분명하다.

쇄빙선도 없이, 오늘 나는 버려진 성의 이름을 가진 이곳에 이르렸네. 추위는 한결 가셔 나에게는 아직 몇 개의 발가락이 남아 있네. 그 무성한 꼭지점들을 이어 안팎의 문양을 분명히 한 자리마다 세심하게 치장된 빙영들이 돋아났네. 북극의 지평선은 온도를 버린 광점들로 가득했지.

빙궁의 벽에 볼을 대고 그것이 떨어져 나가기를 기다렸네. 가장 추레한 방식으로 얽히고 스며 단 한 줄로 이루어진 면이 될 때, 신경은 자라나는 무늬. 그 자리마다 파문이 일어 끝을 모르고 뻗어나갔지. 눈먼 돌산들과 얼음안개 속에서 우리는 서로를 관통하며 지나갈 수 있었을까.

얼음에서 물의 끈이 풀려나오고 있네. 사람의 윤곽이 먼 지형의 모서리를 허무는 일이네. 두 팔을 벌리고 극, 이라 발음할 때마다 품 속에서 지평선이 팽팽해졌고, 창의 뒤편에 환일이 서리는 것을 보았네.

이제 그대는 남동으로 배를 돌리는가. 아문센, 나는 보존될 것이네. 차고 말랑한 끈을 목에 감고 연분홍의 꿈을 불러들이면 감각의 끝단마다 발가락이 외롭게 자라나겠지.

—이혜미, 「피어리 아라베스크」(『현대시』, 2011년 3월호) 전문

「피어리 아라베스크」가 매력적인 시적 분위기를 형성하고 있는 것은 상상력을 자극할 수 있는 공간인 북극을 배경으로 하고 있기 때문이 아니다. 또한 이 시에 등장하는 피어리로부터 시의 매력이 만들어지는 것 역시 아니다. 「피어리 아라베스크」는 우리를 관통하는 삶의 본질에 대한 이야기이며, 그것의 첨예한 순간인 '극'에 관한 기록이다. 이혜미는 우리의 상상력을 북극의

어느 지점으로 이동시킨다. 우리가 그곳에서 맞닥뜨리는 것은 북극이 주는 보편적인 상징계가 아니다. 우리는 이혜미가 마련한 공간에 이르러 북극을 통해 환기할 수 있는 일반적 상징이 아닌 삶의 진지한 순간과 마주하게 되는 것이다. 바로 여기에 이 시가 주는 매력이 생성된다. "쇄빙선도 없이, 오늘 나는 버려진 성의 이름을 가진 이곳에 이르렀네"라는 시인의 말은 고독의 극한에 이른 자의 고요한 절규이다. "몇 개의 발가락"만 남은 피어리가 바라보는 것은 "온도를 버린 광점들로 가득"한 "북극의 지평선"이다. 시인은 우리 안에 내재해 있는 외로움의 극한을 호명함으로써 존재라는 본질에 접근해 간다. 이혜미의 시는 서효인의 정치성과는 다른 방식으로 삶의 본질과 사유의 깊이를 확보하고 있다.

이혜미가 「피어리 아라베스크」에서 선택한 언어는 의미의 외연이 무수히 확대될 수 있다는 점에서 시적 지평을 넓히고 있다. 그것은 이혜미가 사용하고 있는 시어가 시적 분위기를 형성하는 원형을 지닌 시어들로 이루어져 있다는 의미이다. 이러한 시적 분위기는 이혜미가 설정한 주제 의식과 맞물려 효과를 발휘한다. 이혜미는 「피어리 아라베스크」에서 삶의 극한과 결핍이라는 주제를 형이상학의 구조 위에 매끄럽게 풀어놓고 있다. 단, 피어리는 우리가 아는 것처럼 위대한 탐험가가 아니라는 사실. 시의 내용과 직접적인 상관은 없지만 그의 북극 탐험은 제국주의의 오만함으로 점철된 것이었다.

> 권총을 갖고 있지 않아요. 나는 죽지 못했어요.
> 채찍 소리에 놀란 아기들이 울부짖고 꼬마들은 돌을 던져요.
> 부수지 못하게 붙들래요. 촛불을 들고 맴돌래요. 코끼리 코처럼 그

림자가 길어져요.

사람들은 나에게 비틀어지고 냄새나고 구멍 많은 별명을 덧붙여요.
지평선 너머까지 이어지는 이름을 쫓아가고 싶지만
내일은 겨울이 올 전망이고 꽃들이 만발할거란 예보에 떠나지 못해요. 토끼풀 사이에서 내가 소문일 가능성을 발견한 날, 천둥은 치지 않아요.
호두가 떨어지고 껍질이 갈라지는 동안 내 몸이 벼락을 맞고 아득해져요. 꽃과 삶이 멀리 멀리 떠내려가요.
도깨비불의 손바닥이 굉음을 내고 팔 다리는 여러 마을로 흩어져 다른 애기가 되요.

가장 처음 도착한 동네에선 횃불을 들고 달려오는 성난 어린이들.
내 그림자는 자꾸만 불어나요, 발가락과 멀어진 머리칼이 소릴 지르고
소머리 탈을 쓴 아이들이 무서워 눈물이 흘러요.
입술에 빨간 칠 한 어둠이 부리를 벙긋 거려요.

벙어리로 내 이름 말하고 몸서리치는 밤.
새로운 그림자를 달고 일어나고 싶어요.
어른들이 개머리판을 만들 호두나무를 찾아다니고 나는 아직 죽지 못했어요.

—권민경, 「소문」(『2011 신춘문예 당선시집』, 문학세계사) 전문

권민경의 시는 이혜미의 시와 같이 형이상학적 의미를 포착하기 위해 노력한다. 그러나 권민경의 시는 상상력을 더욱 극대화

한다는 점에서 이혜미의 시와 다르다. 또한 그의 시는 아이들의 세계를 다루고 있지만 그것이 우리 삶의 보편적인 공포를 다루고 있다는 점에서 보다 확장된 세계를 지향한다고 할 수 있다. 그의 작품은 모호한 상징을 통해 말하기보다는 지향하는 바를 드러냄으로써 상징의 매력을 극대화한다. 그러나 지향하는 바를 드러낸다고 해서 의도를 전면에 노출시키는 것은 아니다. 2011년도 신춘문예 당선작 중에서 가장 인상적이었던 권민경의 「오늘의 운세」 역시 시인의 의도와 감각을 효과적으로 결합시키고 있는데, 그런 점에서 의도와 감각을 동시에 펼쳐 보이는 권민경의 재능은 남다르다.

「소문」에서 권민경이 사용하고 있는 시적 정황들의 관계는 단절된 듯 연결되어 있지만 결코 중복되지 않는다. 권민경의 가장 큰 장점은 시적 정황의 연상 작용에 있다. 그는 자유로운 연상을 통해 이미지와 의미를 확장시킨다. 이렇게 확장된 이미지와 의미는 한 치의 흐트러짐도 없이 시인의 의도에 따라 구조화된다.

지금까지 서효인, 이혜미, 권민경의 시를 읽어보았다. 이들이 보여준 시적 세계가 여타의 젊은 시인들에게 전범이 되는 것은 아니겠지만, 젊은 시인들의 상당수의 작품이 패턴화되어 가고 있다는 점을 감안한다면 이와 같은 이들의 시도는 눈여겨볼 필요가 있다. 젊은 시단의 다양성이라는 측면에서라도 그것은 꼭 필요하다. 아울러 이들의 작품이 시적 리듬과 언어의 아름다움이라는 측면에서 성공을 거두고 있다는 점은, 이들이 앞으로 보여줄 행보에 더 많은 기대치를 갖게 한다.

비극적 일상과 일상적 비극

-김명인, 이원, 김근의 시-

일상이 있고 바로 그곳에 비극이 잉태된다. 그리고 비극이 잉태된 그곳에 또 다시 일상이 펼쳐진다. 하여, 우리의 일상은 곧 비극이고 비극은 일상이 되어 도처에서 일어난다. 현대사회는 비극적 일상으로 가득하며, 우리는 그러한 세계의 비극 속에 살고 있다. "그러나 19세기까지, 경쟁자본주의가 생겨날 때까지, 그리고 소위 '상품의 세계'가 전개되기 이전까지는 일상성의 지배가 없었"[1]으며, 그때에는 "빈곤과 억압 속에서도 양식이 있었다".[2] 우리가 경험하고 있는 일상성의 비극은 사실 그리 오래된 것이 아니다. 현대는 비극을 만들어냈고, 현대인은 비극을 경험하면서 양식과 작품이라는, 유의미한 삶의 모습을 잃어버리게 되었다.

---

1) 앙리 르페브르, 박정자 역, 『현대세계의 일상성』, 세계일보, 1990, 74쪽.

2) 위의 책, 74쪽.

비극적 일상의 모습은 개인적인 것으로부터 사회적인 것에 이르기까지 광범위하게 나타난다. 사회가 더 이상 개인의 삶을 수용할 수 없게 되었으므로 개인의 삶은 양식을 잃어버린 사회로부터 버림받게 되었다. 현대로부터 비극은 시작되었고, 비극적 삶의 양상은 이제 낯선 것이 아니다. 김명인의 「민얼굴」은 어렵지 않게 대면할 수 있는 죽음의 양상을 통해 현대사회의 비극을 보여주고 있다

노인이 안 보이고부터는 빈집인 줄 알았는데
어느 날 현관문에 금줄이 쳐지고
유체정리반이 도착하고서
그 집이 한동안 망자 혼자서 지켰던 것임을 알았다
여름 하수구를 녹여내는 듯 한동안 풍비하던
퀴퀴한 냄새의 정체가
온 동네에 고독사를 알린 그 사내의 부고라는 걸
비로소 깨닫게 되면서 밤낮으로 출몰하는
소문 속의 유령과 마주치지만
시신을 수습한 뒤에도 시취를 분해하던 오존은
몇 달이나 더 오래 이웃들에게
가까이 다가선 죽음을 각인시킬 것이다
그는 꽤 화려한 독신주의자였다
한때는 웬만한 자동차보다 비싸다는 오토바이를 타고
해거름의 해안도로를 넘나들었다
텅 빈 냉장고, 말라붙은 냄비, 녹슨 식칼, 이런 것들로
저 집을 베껴 쓴들 무슨 보고서가 될까
세계의 끝까지 헤매고 싶었던 떠돌이의 족적은

마침내 침상 둘레에 비끄러매졌지만
한 뼘도 안 되는 세월이 그에게도 혹독했음을
단란하게 웃고 있는 사진 속의 순간들은 알기나 할까
두 달이나 발견되지 않고 혼자서 지킨 주검
어느새 숙성했는지 검버섯이 온몸을 뒤덮었다

저기 누군가요, 문을 열고 밖으로 나가지 않아도
누구나가 시시로 방 안에 우뚝 서 있는 죽음의 민얼굴과 마주친다

—김명인, 「민얼굴」(『시인시각』, 2011년 여름호) 전문

김명인이 펼쳐놓은 비극적 삶의 모습은 명확한 모습으로 독자들의 감각에 각인된다. 독자들에게 각인된 삶의 모습은 죽음이며, 죽음의 형태는 고독사이다. 고독의 주체는 주지하듯이 노인인데, 한때 "그는 꽤 화려한 독신주의자였다". 이때 그의 화려함은 다름 아닌 물질적 풍요로부터 기인한 것이다. "웬만한 자동차보다 비싸다는 오토바이를 타고/해거름의 해안도로를 넘나들었"던 그의 삶은 물질적으로 풍요로운, 비극과는 거리가 먼 모습이었다. 그러나 죽음 앞에서 그의 모든 행복과 풍요는 부질없는 것으로 전락하고 만다. 물질적 풍요는 고독을 잊을 수 있도록 해주었지만 죽음 앞에서 맞이하게 되는 절대 고독은 현대사회의 비극적 일상의 단면을 극명하게 부각시킨다.

시인은 "텅 빈 냉장고, 말라붙은 냄비, 녹슨 식칼 이런 것들로/저 집을 베껴 쓴들 무슨 보고서가 될까"라고 말하며 노인의 죽음 자체에 주목한다. 노인을 둘러싼 외부의 것들을 통해 말하지 않음으로써 죽음이 전달하는 비극의 본질을 적극적으로 호명한다. 이때 시인이 주목한 것은 시간이다. 김명인은 노인의 시신이 견

뎌야 했을 고독한 시간을 유추함으로써 현대사회의 고독과 소외를 재현한다. 시간의 경과는 1행부터 제시된다. "노인이 안 보이고부터는"이라고 말하고 있는 구절은 노인이 견뎌야 했던 짧지 않은 고독의 기간을 드러낸다. 그러나 두 달의 시간을 홀로 견딘 노인의 고독은 죽음이 발견되는 순간 끝나는 것이 아니다. 그의 죽음은 그것의 현장이 드러났을 뿐 비극이라는 실체는 변하지 않기 때문이다. 그렇기 때문에 그의 죽음은 "몇 달이나 더 오래 이웃들에게/가까이 다가선 죽음을 각인" 시키며 우리의 삶 도처에 도사리고 있는 비극을 환기한다.

김명인이 제시하고 있는 현대의 비극은 그러나 실체를 가지고 있는 것이 아니다. 유체정리반이 도착해서 노인의 시신을 확인하기까지 노인은 냄새로만 존재한다. 실체는 있지만 실체를 볼 수 없는, 냄새만으로 존재하는 노인은 존재하지만 존재하지 않는 현대인의 모습과도 같은 것이다.

김명인이 개별화된 실체를 통해 비극을 드러냈다면 이원의 경우는 보편화된 일상성의 비극을 보여준다.

ㄱ자로 구부러진 골목을 찾아요
입구의 쇼윈도에 몸 없는 머리가 가득해요
계속 걸어요
조금만 내려오면
팔 다리 머리 다 잘라버린 토르소가 있어요
내내 그 자리에 있었어요
피 냄새는 사라진 지 오래니 걱정은 하지 않아도 좋아요
곧 횟집이 나와요
핏물이 길로 흘러나와도 그냥 걸어요

그때부터 내리막길이에요
미끄러지면 미끄러지는 대로 걸어요
녹슨 간판에 설탕
쌀알을 이어붙인 것 같은 모양이에요
설탕 작은 창을 색색을 이어붙인 천이 가리고 있어요
속을 궁금해하지 말아요
당신도 달고 녹는 살을 가지고 있어요
주춤거리지 말고 계속 걸어요
거기만 지나면 바로 우리가 보여요

(나는 몸 없는 머리였다가 팔 다리 목 잘린 몸통만 남은 토르소였다가 핏물이 고인 바닥이었다가 녹는 살을 가지고 설탕까지 왔는데 어디에서 타는 냄새가 나긴 나는데)

다시 잘 들어요
맨 처음으로 돌아가요
머리 토르소 핏물을 지나
설탕을 지나면 바로
껍데기예요 껍데기
(무슨 껍데기요?)
아무 것도 안 붙은 껍데기요
그 껍데기 안에 우리가 보여요
우리는 살타는 냄새에 동그랗게 둘러앉아 있어요

—이원, 「'설탕' 지나 '껍데기' 찾기」(『시로여는세상』, 2011년 여름호) 전문

화자인 나는 구체적인 모습을 드러내지 않은 채 "팔 다리 머리

다 잘라버린 토르소"에 대해 이야기한다. 이때 토르소라는 비극적인 존재는 우리 모두의 모습이므로 화자는 토르소와 분절되어 등장하지 않는 것이 효과적이다. 결국 화자인 나와 토르소는 다르지 않은 존재인데, 시인은 그러한 관계에 대해 "우리"라고 밝힘으로써 비극적 공동체의 모습을 보여준다. 화자인 나는 "몸 없는 머리였다가 팔 다리 목 잘린 몸통만 남은 토르소였다가 핏물이 고인 바닥"이 되기도 한다. 나와 토르소는 결코 다르지 않은 존재이며 이 모든 관계는 '우리'라는 울타리 안에 놓여 비극적 삶의 풍경을 드러내게 된다. 결국 우리 삶의 모든 관계와 존재는 전방위적인 비극의 공간 안에 놓여 있다고 시인은 말하고 있는 것이다.

그리하여 시인은 "맨 처음으로" 돌아가기를 희망하지만 그곳에는 "아무 것도 안 붙은" 껍데기만이 존재할 뿐이다. 시인은 우리가 겪고 있는 비극을 인지하고 돌아가고자 하지만 돌아갈 그곳에 놓여 있는 것은 실체를 잃어버린 껍데기뿐이다. 그리하여 그 껍데기 안에서 발견되는 것은 나와 당신과 몸 없는 머리와 팔 다리 목 잘린 토르소라는 '우리'이다. 그리고 그곳에서 '우리'가 할 수 있는 일은 그저 "살타는 냄새에 동그랗게 둘러앉아" 있는 것뿐이다. 이원이 보여주는 삶의 모습은 자신의 존재를 잃어버린 황폐한 자아의 모습인 것이다.

> 금요일이 지나면 토요일이 지나고 일요일이 지나고 월요일이 지나면서 또다시 화요일이 오는 것을 믿을 수 있나요 오른손에 생오이를 성화처럼 들고 해의 방향으로 걸으면 밤을 지나고 왼손에 사과를 바꿔 들고 밤의 방향으로 걸으면 해가 뜬다 사십 년 동안 밤이 계속 찾아 왔다는 것을 믿을 수 있나요 생오이와 사과 사이에 얼굴이 없

다는 것을 믿을 수 있나요 허공 속에서 나무의 방향을 골라내 잘라내는 정원사들의 전지 가위 전능하신 신은 언젠가는 가위 속에 길어지는 혓바닥을 삼키느라 개들이 헉헉거린 지는 오래된 일 해의 방향으로 걸어도 밤의 방향으로 걸어도 밤이 계속 사라지는 것은 아주 오래된 일 교차로의 좌회전 신호를 따라 가도 사방이 다시 들어선다는 것은 그리 오래되지 않은 일 동쪽과 서쪽을 포개면 호두 엉켜서 고소해질 테다 부서질 테다 동쪽과 서쪽을 울퉁불퉁하게 가르면 양파 똑같은 파도가 넘치고 있는 거다 뼈를 자꾸 씻겨 내고 있는 거다 동쪽과 서쪽을 접으면 당신은 북위 35도에서 웅크리고 있는 당신에게로 되돌아가는 중 나는 나를 잊어버리고 싶어 밤을 쭉 찢으며 달려요 풍덩 피에 빠지는 기분 아직 물기가 남아 있다고 생각되다니 수요일이 지나면 수요일이 오지 않고 오지 않는 수요일이 지나면 금요일이 오지 않고 밤과 밤의 간격은 점점 커져요 불어 터진 손가락이 구덩이를 가리키며 사로잡힌 연인들의 이야기야 당신은 그런 그림 그리고 싶고 나는 불가능해요

—이원, 「책을 펴는 사이 죽음이 지나갔다」(『세계의 문학』, 2011년 여름호) 전문

일상은 그야말로 아무 것도 아닌, 반복되는 삶의 시간을 의미한다. '형식'을 가지고 있는 유의미한 삶의 순간들은 일상이 아니다. 근대 이전의 시간들은 삶을 영위하는 데에 절실한 의미를 지니고 있는 것이었지만 근대 이후에 발생한 잉여의 시간은 더 이상 의미 있는 것이 아니었다. 우리의 삶은 무의미한 시간의 연속이 되어 버렸고 그 속에서 우리의 삶은 무의미한 일상 속에 파묻혀 버렸다. 그래서 「책을 펴는 사이 죽음이 지나갔다」에서처럼 그저 "금요일이 지나면 토요일이 지나고 일요일이 지나고 월요일이 지나면서 또다시 화요일이 오는" 것일 뿐이다. 여기에서 금

요일이나 토요일 혹은 월요일이나 화요일은 사실 아무런 의미가 없다.

그것은 개별화된 시간을 지칭하거나 의미 있는 순간들을 호명할 수 있는 것이 아니다. 그것들은 어제 이후에 오늘이 오고 오늘이 지나고 나면 내일이 오는 것과 같은 단순한 시간의 흐름일 뿐이다. 그러나 이원은 금요일이 지나면 토요일이, 월요일이 지나면 화요일이 온다고 말하며 삶의 무의미함을 밝히면서도, "수요일이 지나면 수요일이 오지 않고 오지 않는 수요일이 지나면 금요일이 오지 않"는다고 말함으로써 존재하지만 존재할 수 없는 현대적 일상의 비극성을 밝힌다.

그곳의 괴물들은 무사한지요 밤의 골목들을 어슬렁거리던 괴물들은 이제 이곳에선 모두 사라졌습니다 이따금 숨어들 곳을 찾지 못하고 거리에 쓰러져 가까스로 숨을 몰아쉬는 괴물들이 한두 마리 발견되곤 했지만 벌써 그것도 옛날의 이야기지요 그들은 모두 어디론가 끌려가 다시는 돌아오지 않았어요 그날로 처형되었다는 소문만 떠돌다 금세 흩어질 뿐이었습니다 거리는 다시 깨끗해지고 형체가 불분명한 것들이 모두 치워졌지만 거리를 이루던 모서리들은 햇빛 속에서 밝아지고 희미해지고 제 날카로운 경계를 아주 버려버리더군요 사람들도 사물들도 병약하거나 죽는 일이 금지되었습니다 병도 죽음도 괴물들 탓이라고 당국은 믿고 있습니다

(…중략…)

당신의 괴물들을 좀 보내주십시오 흐물거리는 놈으로 한 서너 마리쯤이면 밝음을 틈타 국경의 검문은 통과할 수 있을 겁니다 칙칙한 담벼락도 몇 장 있으면 좋겠지만 그건 너무 무리한 부탁이네요 부디 밤하늘의 별들이 다시 이곳으로 찾아오기를 간절히 바랄 뿐이지만

아직은 요원한 일이기만 합니다 희미한 나라의 희미한 주민들은 희미하게 점점 더 희미한 아이를 낳고 통증도 없이 오늘도 희미한 웃음을 그것이 웃음인 줄도 모르고 웃고만 있습니다 당신의 괴물이 하루라도 빨리 도착한다면 희미해지다 못해 아주 사라져가는 사람들의 속도를 조금이라도 늦출 수 있으리라 생각됩니다 그곳의 싱싱한 밤이 부러울 따름입니다 괴물을, 괴물을, 기다리고 기다리겠습니다

—김근, 「병 속에 담긴 편지」(『현대문학』, 2011년 7월호) 부분

김근은 괴물조차 살 수 없는 '이곳'의 이야기를 전한다. 이곳은 괴물조차 살 수 없는 비극의 정점에 존재하는 곳이다. 이때 괴물은 일반적인 의미의 괴물과는 다른 존재이다. 「병 속에 담긴 편지」에서의 괴물은 괴물이 될 수밖에 없는 비극적 존재로서의 우리들이다. 괴물조차 살 수 없는 이곳에서 괴물의 출현을 꿈꾸지만 그것은 결코 쉬운 일이 아니다.

「병 속에 담긴 편지」에서 김근이 보여주고자 했던 비극은 개인적인 삶의 비극이 아니다. 김명인과 이원이 보여준 세계가 현대와 개인의 비극성에 초점을 맞춘 것이라면 김근이 보여주고 있는 비극은 정치성에 가까이 다가가 있다. 시인은 괴물조차 살 수 없는 세계를 보여줌으로써 진짜 괴물이 무엇인지를 역설적으로 드러낸다. 진짜 괴물의 정체인 "당국"은 음험한 세계와 음모를 통해 진실을 왜곡하고 비극의 실체를 숨긴다. 이와 같은 비극적인 공간에서는 "사람들도 사물들도 병약하거나 죽는 일"조차 금지되어 있다.

김근이 보여준 비극이 일반적인 의미에서의 일상성의 비극은 아니지만 이러한 비극이 일상적으로 자행된다는 점에서 그것은 일상과 연관을 맺는다. 괴물로 지칭된 우리들의 모습은 사실 괴

물이라기보다는 비극적인 공간 속에서 괴물처럼 변해버린 우리들의 슬픈 자화상이다. 그렇기 때문에 "당국"으로 대표되는 이곳이야말로 진짜 괴물이며, 작품 안에서 괴물로 지칭된 우리들의 모습은 더 이상 괴물이 아닌 것이 된다. 시인은 우리들의 모습을 괴물이라고 말함으로써 거대하게 부풀어 오른 공포와 폭력의 극한을 보여주고 있다.

현대의 우리 삶이 비극의 토대 위에 구축된 것이라는 점은 자명하다. 그리고 시인들이 비극을 말하는 방식과 비극의 양상은 제각각이지만 그것들이 환기하는 비극적인 삶의 본질 역시 다르지 않다. 시인은 우리 삶의 비극을 드러내는 존재이며, 비극을 적극적으로 호명하는 것은 시인의 책무이기도 하다. 비극적 일상이 일상적 비극이 되어 버린 현실 속에서, 그것과의 결투는 추악하고 비극적인 세계의 이면을 드러내는 의미 있는 것이기 때문이다.

나의 세계와 당신의 세계

-마종기, 허연, 서효인의 시-

우주가 "한 개뿐이라고 믿었던 시대"가 있었고 "한 사람이 다른 사람을 자신보다 더 아끼는"(마종기, 「고속도로변 노을」) 시대가 있었다. 나의 삶과 당신의 삶이 다르지 않았던, 나의 세계와 당신의 세계가 분리되어 있지 않았던 시대는 우리가 꿈꾸는 이상의 지점과 맞닿아 있었다. 그러나 나와 당신 그리고 세계와의 관계에 대한 이야기를 이제는 "누구도 입에 올리지 않는다"(허연, 「다큐멘터리를 보다 1」). 그리하여 "대재앙의 이유를 알기 위해 우리는 모였"지만 그것은 다만 "모였다는 자체에 큰 의미가"(서효인, 「아이티 회의록」) 있을 뿐이다.

마종기의 「고속도로변 노을」과 허연의 「다큐멘터리를 보다 1」 그리고 서효인의 「아이티 회의록」은 나와 당신의 관계와 아픔에 관한 기록이다. 언뜻 나의 이야기에 집중하고 있는 것처럼 보이는 마종기의 「고속도로변 노을」조차 "다른 사람을 자신보다 더 아끼는/그런 시대가 있었다"고 말함으로써 내가 아닌 당신을 호명한다. 「고속도로변 노을」이 삶과 관계에 대한 이야기를 개인적 상징과 이미지를 통해 언급하고 있다면 허연의 「다큐멘터리를 보다 1」은 다큐멘터리를 통해 재현되는 초원을 매개로하여 삶의 진실을 파헤친다. 서효인의 「아이티 회의록」의 경우에는 보다 구체화된 사건을 제시함으로써 나의 세계와 당신의 세계가 지니고 있는 간극의 비극을 보여준다.

세 편의 작품은 모두 나와 당신의 세계에 대한 이야기이다. 발화되는 방식은 다르지만 이들 작품이 말하고자 했던 것은 변방에 머물 수밖에 없었던 이들의 상처와 고통이다. 그것들이 나타나는 양상은 지극히 개인적이거나(「고속도로변 노을」) 사회적이거나(「다큐멘터리를 보다 1」) 정치적인 것처럼 모두 다르다. 그러나 이 작품들은 결국 결핍, 소외, 소멸에 이른 세계를 다루고 있다는 점과, 그것을 이편(나)과 저편(당신)의 세계를 통해 보여주고 있다는 점에서 공통점을 지니고 있다.

> 우주는 한 개뿐이라고 믿었던 시대가 있었다.
> 한 사람이 다른 사람을 자신보다 더 아끼는
> 그런 시대가 있었다. 이제는 피곤한 뺏속에
> 다 숨에서 살 뿐, 아무도 찾지 않는 저녁의 집.
> 삶의 이름이 아픔이란 것을 몰랐던 탓일까.
> 고속도로의 복잡한 매듭이 느슨히 풀어진다.
> 남은 저녁이 노을의 끝을 잡고 달리고 있다.

—마종기, 「고속도로변 노을」(『문예중앙』, 2011년 봄호) 부분

마종기는 「고속도로변 노을」의 적막하고 쓸쓸한 풍경을 아름

답게, 그러나 처연하게 그리고 있다. 노을이 타고 있는 고속도로와 진한 핏빛으로 물드는 자동차의 모습은 삶의 상흔을 간직한 자의 내면에 다름 아니다. 상흔을 간직한 자는 "떠나간 이나 잊힌 이름들을" 반추하며 북쪽이라는 미지를 향해 달리고 있다. 마종기가 이 작품을 통해 보여주는 것은 구체화되거나 개별화된 의미가 아니다. 그는 잃어버린 삶의 원형을 찾는 자의 내면을 재현하고자 한다. 마종기가 말하려는 것이 구체적 형태를 쉽게 드러내는 것은 아니지만, 시인은 고속도로변의 노을과 주변의 풍경이 내포하는 원형적 상징을 통해 시적 의미를 확보한다. 아울러 선연하게 떠오르는 고속도로변의 풍경은 원형적 상징을 시각화하여 객관적인 이미저리를 만들어냄으로써 감상적 인식을 제어하게 한다. 이렇듯 감상적 인식이 제어된 객관화된 이미지는 "우주는 한 개뿐이라고 믿었던 시대", "그런 시대가 있었다", "삶의 이름이 아픔이란 것을 몰랐던 탓일까" 등의 문장과 결합하여 입체감을 형성한다.

> 자기가 자기 삶의 마지막을 관찰하는 자들이 초원에는 있다. 통증이 심하다는 신호를 가장 믿을 수 있는 암컷에게 보내며 죽어가는 자들이 있다. 누구는 건기가 그를 죽였다고 말하고, 누구는 지난밤 무리에서 일어났던 내분이 그를 죽게 했다고 말한다.
>
> —허연, 「다큐멘터리를 보다 1」(『문예중앙』, 2011년 봄호) 부분

「다큐멘터리를 보다 1」은 초원을 통해 발견할 수 있는 삶과 죽음의 이야기이다. 보편적으로 초원과 동물 등의 소재는 구체적인 약육강식의 세계를 보여줌으로써 인간 세계를 비유하는 경우가 많다. 허연 역시 일반적인 의미와 관계를 맺고 있는 초원의 세계

를 다루고 있다. 그러나 허연이 보여주는 초원의 세계는 구체적인 동물과 사건을 통해 의미를 지향하지 않는다. 그가 나타내고자 하는 세계는 초원에 대한 포괄적인 인식과 사유의 결과물이다. 그의 시에 초원에서의 구체적인 사건이나 정황이 배제되어 있는 것은 그런 이유 때문이다. 그는 다만 삶과 죽음의 본질에 대해 이야기할 뿐이다. 그렇기 때문에 시인이 바라보는 죽음은 구체화된 형태를 지니지 않는다. 시인의 눈앞에 펼쳐진 것은 초원에서 벌어지고 있는 개별화된 사건이 아니라 초원이라는, 삶과 죽음에 대한 포괄적인 사유이다. 또한 죽음을 대하는 그의 태도는 아프지만 무심하다. 그리하여 그는 "초원에서 죽음은 객관적이다"라고 말함으로써 객관화된 죽음의 비극을 보다 선명하게 재현한다.

> 대재앙의 이유를 알기 위해 우리는 모였다 오른쪽과 왼쪽에 앉을 사람을 구분하기 위한 파티가 먼저였다 파티로 보낸 시간에 대해서는 입 다물기로 한다 (…중략…) 대재앙에 관련된 회의를 하러 모였다는 자체에 큰 의미가 있다는 것이죠, 그의 탁월한 의사 진행에 우리는 휴양도시의 노부부처럼 여유로워졌다 회의의 결과는 다음에 모여서 토론하자는 의견이 합치였고, 선홍빛 잇몸을 드러내며 여기와 이때를 사진으로 남겼다
>
> ―서효인 「아이티 회의록」(『작가세계』, 2011년 봄호) 부분

서효인의 「아이티 회의록」은 구체적인 사건을 기반으로 한다는 점에서 앞서의 작품들과 다른 면모를 지니고 있다. 또한 그의 시는 구체적인 사건을 기반으로 할 뿐만 아니라, 그 사건에 대한 발언 역시 구체적이고 직접적이다. 구체적이고 직접적인 시인의

발언은 시의 제목에서부터 명백하게 드러난다. 아이티에서의 일을 직접 호명함으로써 시인의 의도는 명확하게 다가온다. 제목뿐만이 아니라 시의 본문에서도 "대재앙의 이유를 알기 위해 우리는 모였다"라거나 "큰 지진으로 키우던 염소가 죽고 지진해일로 말려 놓은 이불 빨래가 엉망이 되었다"라는 식으로 직접 아이티에서의 사건을 말한다. 자칫 의도가 시적 표현을 압도할 수도 있는 시도이지만 서효인은 의도와 시적 표현을 적절하게 오버랩시켰다. 의도는 명백하지만 그와 같은 명백한 의도가 상징과 표현을 끌어안음으로써 문학적 감흥을 불러일으킨다. 「아이티 회의록」은 시에 있어서의 정치성의 문제를 효과적으로 보여준 작품이다. 시인이 말하려고 했던 구체적인 의도가 감각적인 정황과 결합함으로써 시적 감흥을 유지할 수 있었던 것이다. 물론 정치성을 드러내는 작품의 경우, 이와 같은 표현 방식이 때로 비판의 대상이 될 수도 있겠지만 문학적 감흥이라는 측면에서 서효인의 시적 발화는 적절한 것이다.

앞에서 언급한 세 편의 작품은 모두 적절하게 어우러진 묘사와 진술을 통해 의미와 표현을 효과적으로 결합시키고 있다. 이들의 언어는 자폐적인 환상의 세계에 갇히지도 않았을 뿐만 아니라 세계에 대한 단편적인 인식이나 상투성에 매몰되지도 않았다. 때로는 직접적이기도 한 이들의 진술은 그러나 감각적인 이미지를 통해 유의미한 진술로 승화된다. 이들은 끊임없이 말하고자 하는 바를 드러내지만 작품 속의 감각적 이미지를 통해 직설적 어법과 의도가 주는 폐해를 극복한다. 이들의 작품은 진술조차 감각적 이미지를 통해 보여줌으로써, "시는 묘사되는 것"이라는 파이퍼의 말을 다시 한 번 증명해 보인다.

수피로부터 자라나는 난독의 즐거움

-신동옥의 시-

신동옥의 시는 끊임없이 기존의 의미 체계와 독자들의 상상력을 배반함으로써 낯선 세계를 제시한다. 그의 시가 보여주는 낯선 세계는 주관적인 의미 체계를 따르기 있기 때문인데, 이때 주관화된 의미 체계는 의미와 상징의 폭넓은 외연을 가지고 있는 경우가 많아서 난해한 풍광을 재현하게 된다. 신동옥이 제시한 시적 세계에서도 최근 시단에 두드러지게 나타난 감각이나 이미지를 어렵지 않게 발견할 수 있다. 그러나 그의 시가 여타의 전위적인 작품들보다 특별히 더 어렵다거나 한 것은 아니다. 한 가지 다른 점은 그의 시가 울림과 진폭이 매우 큰 형이상학적 시어에 기대고 있다는 점이다. 그의 시가 재현하는 모습이 난해하게 느껴지는 이유가 바로 거기에 있다. 그의 시는 감춰진 곳에 내재한 의미를 드러내지 않음으로써 기능한다. 그의 난해함은 그러나 자폐적인 것이라기보다는 시인의 의도에 따라 복무하는 시적 장치로 기능한다. 신동옥은 감각이나 이미지를 통해 말하려는 것이 아니라 형이상학적 세계 인식을 통해 자신의 세계를 드러내려고 한다. 이와 같은 그의 시적 특성은 첫 시집 『악공, 아나키스트 기타』의 1부와 2부에 두드러지게 나타난다.

너는 먼지이니 먼지로 돌아가리라 늙은 신부나 종려나뭇단을 태우며 저녁 미사를 집전한다. *너는 먼지이니 먼지로 돌아가리라* 늦눈 사이로 구약처럼 떨기나무 재는 신부의 이마에 내려앉는다.

—「사순절의 나날」(『악공, 아나키스트 기타』) 부분

어떠 날에는 꿈 밖으로 노새 한 마리 걸어나온다. 꿈속에서는 내 걸음을 흉내 냈고 꿈 밖에서는 내 두 눈의 움직임을 좇아 바라보는 노새의 눈은 크고도 진실했다. 그는 가슴을 함께 살아낸 형제였고 마구간에 누워 춤추는 구름의 표정을 읽던 아내였다. 성문 밖으로 짐수레와 지게의 행렬이 나아갔다. 지게 위엔 돌들이 가득했고 노새가 나를 업고 내가 노새를 업듯, 때로 도처에 돋아나는 풀들이 있어 코를 들이켜면 아득한 떨림이었고 소리였다.

—「악공, 환음기(幻音記)」(『악공, 아나키스트 기타』) 부분

「사순절의 나날」은 사순절을 중심으로 '먼지-늙은 신부-종려나뭇단-저녁 미사-구약-떨기나무' 등의 시어가 시적 정황을 형성한다. 이러한 시어는 개별적으로든 구조적으로든 구체적 의미를 지향한다기보다 형이상학적 세계나 포괄적 의미를 지향하는 것들이다. 그렇기 때문에 구체적인 의미보다는 포괄적인 의미를 갖게 된다.

「악공, 환음기(幻音記)」의 경우는 지배적인 이미지로 충만한 본문의 내용이 다양한 외연을 함의할 수 있는 제목과 결합함으로써 포괄적인 의미를 형성한다. 이러한 점들 때문에 신동옥의 시가 어렵게 느껴지는 것이다. 그러나 그러한 난독의 경험은 고통스러운 것이라기보다는 즐거운 고행에 이르는 것이다. 그의 시는 난해함에도 불구하고 시인의 의도에 따라 배치되고 구조화된다는 점에서 매력을 갖는다.

그녀는 날마다 등장하고 우리에 대해 말할 권한을 갖는다.
TV 혹은 거대한 복시(複視) 속에 그녀와 나는 겹친다.
어금니를 포개고 그녀는 영국으로 가겠다고. 왜 항상 마무리 멘트는 남자의 몫인가?
가지런히 포갠 기사 뭉치를 탁탁 두드리며
빨간 불이 들어온다. 뉴스는 생방송이다. 살인, 방화, 횡령, 전쟁은 실시간이다.
반복되는 위기 속에서 당신의 행복은 어떻게 지킬 건가요?
그녀는 마무리 멘트를 써놓고 만족한다. 반복되는 반복되는
아홉시다. 나는 그녀의 대본 속으로 기어들어간다.

—「앵커우먼」(『악공, 아나키스트 기타』) 부분

아버지와 복분자를 기울인다.
술상은 낮고 좁아서 붉고 배부른 술병을 간신히 받아내고
잔 기울일 때마다
복분
복분
무릎과 무릎이 이마와 이마가 맞부딪다가 뒤집히다가

아버지 간신히, 이순의 턱을 고이고 잠들었다

—「아비 정전(正典)」(『악공, 아나키스트 기타』) 부분

『악공, 아나키스트 기타』는 3부에 이르러 1부와 2부와는 다른 구체적 세계를 보여준다. 하지만 이때의 구체적 세계 역시 리얼리티를 전제로 한 것은 아니다. 3부의 시들은 「앵커우먼」이나 「아비 정전(正典)」에서와 같이 시인의 의도가 비교적 선명하게 드러난다. 그것은 제목과 내용의 결합이 명백한 형태를 이루는 방식으로 나타나기도 하고 시의 내용 자체가 보다 직접적인 형태로 드러나기도 한다. 그러나 이 경우에도 단순히 쉽다는 인식을 주는 것은 아니다. 그것은 단지 1, 2부에 비해 명백할 뿐이다. 신동옥의 매혹적인 어법은 여전하고, 그가 의지한 대로 움직이는 시어의 외연은 여전히 크다.

신동옥의 최근작은 첫 번째 시집이 주는 어조의 낯선 매혹을 변함없이 지니고 있다. 그의 최근작을 보며 든 생각은, 그에게 낯설다는 시적 정황은 필연처럼 다가서는 것이 아닐까라는 것이다. 그러나 이때의 낯선 모습은 앞에서도 밝힌 바와 같이 난독이 주는 즐거운 고행일 따름이다. 그의 시는 어렵지만, 여타의 전위와는 다른 면모를 지니고 있을 뿐만 아니라 지향하는 세계가 크고 넓다는 점에서 긍정적이다. 최근작 중에서 「초파일 산책」과 「무궁동(無窮動) 왈츠」가 전해주는 난독의 고행이 대표적이다.

부러진 팔다리를 질척이며 가슴이 파헤쳐진 애인을 들쳐 업었어
피와 뼈의 창고여, 우리는 어디서 나와 어디로 되돌아가는 것일까?
헤매는 나에게 좀 더 애틋한 귀로(歸路)는 없는 것일까?

어떻게 하면 어떤 사람은 일정한 궤도를 벗어나는 일없이 꼭 맞는 운행 거리 안에 믿음을 부리며 서약을 완수해나가는 것일까?

떠나간 애인들은 대체로 말이 없었다
떠나간 애인들이 대체로 말이 없었다
떠나기 전에도 그랬고, 떠난 후에도 그런다
불가촉(不可觸)이다

—「초파일 산책」 부분

끈덕끈덕
위아래 더러운 입술은 서로 저희를 안고 풀지 않았다
마른 혀로
서로는 축였다

(…중략…)

혓바닥에 얼어 굳은 침으로
서로는 녹였다

기침은 허파를 찢는 톱날처럼 네 고요를 고함친다

—「무궁동(無窮動) 왈츠」 부분

신동옥 시의 언어는 지상에 발을 딛지 않은 것과 같은 느낌을 줄 때가 많다. 하지만 그것은 몽환과는 거리가 먼 것인데, 그의 시에서 흔히 받게 되는 느낌은 그의 시가 지상의 이야기가 아니라 우주나 신화의 이야기와 닮아 있다는 것이다. 그러한 특성은 첫 시집에서부터 지속적으로 나타나고 있다. 「초파일 산책」은 초파일이 주는 어감이 마치 지상의 언어라는 느낌을 전달하지만 시 안으로 들어서면 그러한 느낌은 이내 사라지고 만다. 시인이 거닐고 있는 "초파일 산책"은 지상의 산책이 아니다. 그의 산책은 보다 근원적인 곳으로 돌아가는 "귀로"이며 그 길 위에서 만나는 애인들은 "불가촉(不可觸)"이다. 이러한 시어로 인하여 신동옥의 시는 우리에게 확대된 세계라는, 넓은 지평을 보여주게 된다.

음악은 신동옥 시의 주요한 특징 중의 하나이다. 첫 시집의 제목에서부터 느껴지듯 그의 시에는 음악의 수많은 결이 내재해 있다. 「무궁동(無窮動) 왈츠」 역시 음악으로부터 시가 흘러나온다. 무궁동(無窮動)은 처음부터 끝까지 짧은 음형이나 악구처럼 빠른 속도로 연주되는 것을 말한다. (그러나 불행하게도 나는 "Jason Becker의 Amma(≪The Raspberry Jams≫ 03 트랙)를 되풀이해 들으며 읽으세요."라는 시인의 충고를 따르지 못했다.) 「무궁동(無窮動) 왈츠」는 단절된 정황으로 인해 난해함이 전면에 부각된다. 각각의 연은 단절되어 있으며 단절된 정황들은 생략된 부분으로 인해 난독의 어려움이 전달한다. 물론 이때에도 그의 시는 끊임없이, "만화경"과 "하관(下觀)"을 지나 "초록빛 나는 수변(水邊)"과 "소금과 비명으로 채워지는 내 물과 고기의 허파"의 세계를 통해 확장된 외연을 지향한다.

종교적 의미로도 해석할 수 있는 「제육의 문」은 모든 고기의 이야기이자 동시에 고기의 이야기가 아니기도 하다. 먼저 우리는 이 시에서 가장 손쉽게 제육(諸肉)의 이미지를 포착할 수 있다. 이때의 제육은 물론 일반적으로 널리 알려진 제육(猪肉)일 수도 있다. 하지만 여기에 나타난 제육은 제육(猪肉)보다는 제육(諸肉)을 지향할 때 시어의 세계가 더욱 선연하게 떠오른다.

> 모의하십시오.
> 협잡하십시오.
>
> 삭막한 표정을 벗으면 모자이크처럼 경련이 꽃피고
> 당신의 뼈 위에는 다른 몸뚱이가 놓입니다.
> 당신의 가슴은 흉터가 가득합니다.
>
> ―「제육의 문」 부분

죽음의 생생한 현장인 고기는 결국 우리 삶의 모습에 다름 아닌 존재이다. 그러한 죽음을 앞에 두고 "모의"하고 "협잡"하는 것이 우리의 삶이다. 가면으로 가려진 곳에 우리 삶이 있고, 세상의 모든 고깃덩어리인 우리들이 "삭막한 표정을 벗으면" 우리들의 얼굴에는 "모자이크처럼 경련이 꽃"핀다. 우리들의 모습과 다를 바 없는 "당신의 뼈 위에는 다른 몸뚱이가" 놓인다. 고깃덩어리인 우리의 뼈 위에 놓이는 것 역시 결국은 고기라는 죽음인 것이다. 우리 삶을 둘러싼 모든 일상은 죽음과 같은 제육의 세계라고 시인은 말한다.

> 어떤 해프닝도 전율도 없습니다.
> 몸뚱이는 누구의 것입니까?
> 깊숙이 손을 넣어 휘저어보십시오.
> 손끝에 만져지는 끈적끈적한 돌멩이는 뭡니까?
>
> 쌓고 포개면 서로 엇갈려 꼬물꼬물 돋아나는 것들

지금 흔드는 종은 술잔입니까, 지뢰입니까?

지금 먹는 꽃은 돌입니까, 삽입니까, 울혈입니까?

당신의 뼈는 당신의 그림자를 살찌우려고 당신의 똥구멍을 향해 꾸역꾸역 전진합니다.

—「제육의 문」 부분

세상의 모든 고기는 어느 하나로 특정되지 않는다. 당신의 뼈를 둘러싼 것들과 당신의 그림자 혹은 당신의 뼈 위에 놓인 모든 것들이 고기인 것이다. 결국 이 시는 우리의 삶을 둘러싼 모든 것과 우리의 삶 모두가 죽음의 증거인 고기와 다를 바 없는 것이라고 말한다. '종'일 수도 있고 '지뢰'일 수도 있고 '꽃'이나 '돌', '삽', '울혈'일 수도 있는 것이 모든 고기이다. 결국 이 모든 것들이 고기일 수도 있다는 것은 우리의 전 존재가 고깃덩어리일 수도 있음을 말해준다.

「간척지」와 「수피 여자」는 버려지거나 외곽에 존재할 수밖에 없는 것들에 대한 이야기이다. 「간척지」의 화자는 "소금내 폴폴거리는" 간척지와 같은 불모의 존재이다. "엉겨 엉킨 잘피숲"에 누운 화자는 그렇기 때문에 "엉덩이골이 진흙뻘을 삼키는 줄도 모르고 주저앉"는다. 그러나 「간척지」의 화자는 절대적인 비극을 극복해내려 한다.

어느 해, 마른잎 떨구는 사방나무 가지가지로 빛살 쏟아지고 잘 썩은 거름내 송진내 진동하면, 땅거죽을 뚫고 이 생(生) 쪽으로 푸릇푸릇 곤고한 모자를 틔워 올리는 작디작은 싹을 보아라, 피고지고 해

> 뜨고, 소리 소문 없이 위산에 녹아 사라지는 밥찌끼 같은 네 삶도 부디 달떠라, 꿈의 실핏줄 아래로 따스한 차양 친 좁디좁은 수로
> 간다
>
> —「간척지」 부분

위에 나타난 정황은 전체적으로 비애를 근간으로 하고 있지만, 비애인 "마른잎 떨구는 사방나무" 너머로는 "빛살 쏟아지"는 경험을 하게 된다. 그리고 "잘 썩은 거름내 송진내 진동하면, 땅거죽을 뚫고 이 생(生) 쪽으로 푸릇푸릇 곤고한 모자를 틔워 올리는 작디작은 싹"을 보게 된다. 시인의 시선은 '달뜨고 따스한' 세계를 바라보고 있는 것이다.

「수피 여자」 역시 차마 버릴 수 없는 비애가 존재한다. '수피'에 살고 있는, '수피'와 동일시되는 한 여자가 있다. 그녀는 나무의 외피인 수피로부터 자라나는, 혹은 수피 자체인 존재이다. 하지만 '수피'는 "서글프고", "꽃잎은 말라 떨어지"며 "그악스럽게 그러쥔 이암(泥巖) 사암(砂巖) 다시 아래로는 질척질척"한 공간만이 존재한다. 그리하여 비애로서의 그녀를 바라보는 나는 "수은에 잠긴 것만 같"은 경험을 하게 된다. 하지만 그녀는 "수피의 연혁"을 버리지 못한다.

> 숨죽이며, 나를 앗아다오 내가 사라지면 내 앗김은 고롱고롱 물이 되어 네게 흐르고 비로소 우리는 울울창창할 테다. 나의 마당에서 뿌리까지 한데 엮인 겨드랑이에 사타구니에 새싹은 돋아, 돋은 싹에 이파리에 우리의 이름을 새기자 그러고는 상냥히 웅얼거리자 가을봄 여름겨울 풋잠에 취해 나부끼자
>
> —「수피 여자」 부분

나를 버려서라도 "네게 흐르고" 싶은 것이 시인의 의지이다. 시인은 비애 속에서 바라보는 세계가 희망이기를 갈망한다. 그리하여 "내가 사라지면 내 앗김은 고롱고롱 물이 되어 네게 흐르고 비로소 우리는 울울창창할 테다. 나의 마당에서 뿌리까지 한데 엮인 겨드랑이에 사타구니에 새싹은 돋아, 돋은 싹에 이파리에 우리의 이름을 새기"기를 원하고 있는 것이다.

김언 시인이 쓴 시집의 해설에는 다음과 같은 신동옥 시인의 말이 수록되어 있다.

> "실제로 향가 시인이니 고려가요 시인이니 하는 농담을 동료들에게 듣는다. 현대시를 1,200년 퇴보시키고 있다나? 뭐 그런 농담을 기분 좋게 나누다 아예 자처해버리는 것이 나을 성싶었다. 이런 이야기가 나오는 것은 단순히 단어 문제를 떠나 몇몇 시에서 옛글의 척독(尺牘), 묘지(墓誌), 서(序), 발(跋), 기(記)……의 형식을 빌려 썼기 때문이다.
>
> 언제부턴가 모든 글들이 당대의 코드를 떠나 자체가 가지는 생명력으로 현재화되어 의미를 주는 것이 신기했다."

앞에서 신동옥 시인의 시가 지상에 발을 딛고 있는 것 같지 않다고 밝혔는데 그것은 그의 시가 사용하고 있는 언어와도 긴밀한 관계를 맺고 있다. 아울러 이러한 언어 선택은 그의 시에 있어서 분위기를 형성하는 데에도 많은 영향을 미치고 있다. 그의 시에 나타나는 우주와 신화의 느낌은 그가 사용하고 있는 이러한 과거의 언어들로부터 기인한 바가 크다. 그의 시가 보여주는 우주와 신화의 이야기는 난해함과 맞물리면서 형이상학적 분위기를 만들어내는데, 신동옥 시인만의 특별한 개성을 부여하는 것이 바로 이와 같은 과거의 언어들이다. 과거의 언어가 단순하게 옛글로서 기능했다면 진부함에 머물렀겠지만 낯선 지점과 조우한 과거의 언어는 새로운 감각을 환기한다.

신동옥 시인의 시가 주는 특별한 분위기는 앞서 밝힌 바와 같이 단순히 시어의 선택만으로 형성된 것이 아니다. 그것은 이처럼 다양한 것들이 결합됨으로써 이루어진 것이다. 그런 점에서 그의 언어는 여타의 전위와 분리될 수 있다. 이러한 점은 신동옥 시가 지니고 있는 또 다른 장점이 된다. 그의 시가 단순하게 난해함만을 지향했다거나, 형태가 없는 우주와 신화를 전위라는 방법만으로 접근했다면 추상적인 몽환에 그쳤을 지도 모를 일이다. 그의 언어가 추상적인 몽환에 그치지 않은 데에는 확장된 이미지를 가진 시어와 형이상학에 기댄 바가 크다. 그리고 바로 이러한 지점이 신동옥 시인의 시를 읽는 난독의 즐거움이다.

폐허의 세계와 세계의 진실

-김안의 시-

소년이 있었다.

성장기의 불안과 성적 긴장 위에 놓인 소년은 어둡고 긴 낭하의 끝에 서 있다. 불안하게 떨고 있는 소년의 "눈은 설명할 수 없는 사건들로 가득하다"(「소나기」). 또한 시인이 바라보는 세계는 "사창가로 에워싸여"(「헬리」) 있는 것과 같은 비극과 다를 바 없다. 그간 김안의 시는 성장기와 비극을 통해 세계를 인식하고 드러냈다. 소년의 성장기는 어둡고 불안한 터널을 통과한 '나'와 '당신'의 이야기이며, 소년은 곧 '나'와 '당신'에 다름 아니다. 수많은 '나'와 '당신'을 통해 소년의 삶은 비극적 삶의 단면을 적나라하게 보여준다. 김안의 시는 비극적 인식을 환기하는 환상과 친화력을 보이기도 한다. 이때 환상은 성장기와 같은 소년의 이야기와 효과적으로 어우러진다. 따라서 소년의 비극은 환상 안에서 더욱 처연하게 재현된다. 그동안 김안은 이와 같은 성장기와 비극의 특성을 지속적으로 보여주었다.

그런데 김안의 최근작을 보며 든 생각은 더 이상 그가 소년의 세계에 머물고 있지 않다는 것이다. 비극을 주조로 하고 있다는 점은 여전하지만 화자인 '나'는 소년이라는 지점을 넘어 세계의 확장된 지점을 향해 시선을 돌리고 있다. 시인의 시선은 '사람'(「사람」, 「치차(齒車)의 밤」)이라는 존재의 본질을 향해 있거나, 더 이상 소년이 아닌 '나'와 '당신'(「버려진 말의 입」, 「비문」)을 향해 있다. 김안의 '나'와 '나의 세계'는 이제 소년과 소년의 세계가 아니다.

하여, 더 이상 소년이 아닌, '나'와 '당신'이 여기에 있다.

소년이었던 '나'와, 내가 호명하는 '당신'을 통해 '나와 당신의 세계'를 보여주었던 시인은 소년의 세계에 국한되지 않는 '나와 당신의 세계'를 재현한다. 소년의 세계를 벗어남으로써 시의 세계는 확장된 국면을 맞이한다. 물론 소년의 세계라고 해서 축소된 세계를 보여주었던 것은 아니다. 소년이든 아니든 시인이 보여주고자 했던 세계의 본질은 다를 바 없는 것이기 때문이다. 그러나 소년을 벗어난 최근의 시는 시적 지평을 넓히고자 하는 시인의 의지가 느껴진다. 소년의 세계보다 성인의 세계가 넓은 지평을 보여주는 것만은 아니지만 소년을 지움으로써 김안의 시는 다양한 층위를 향해 나아갈 수 있게 된다.

나의 병은 더 이상
자라나질 않습니다.

—「사람」 부분

그렇다면 비로소 나도 거울 앞에 설 수 있겠네. 언젠가는 나 역시 거울 속으로 뛰어들어 말할 수 있겠지. 들리나, 공장이 돌아가네. 이

또한 자네의 공장이네.

—「치차(齒車)의 밤」 부분

이 입은 당신의 신비를 담는 가방이었습니다
이 손이 누구의 것이든 무슨 상관이겠습니까
이제 이 목도 나의 것이 아니고

—「버려진 말의 입」 부분

나와 똑같은 방식으로 태어난
당신의 문장은
너무 멀리 떠나 죽어버린 나처럼
오늘밤, 누구의 비문이 되어 울고 있습니까

—「비문」 부분

태양을 피해
불에 타 무너지고 갈라진 건물 속으로 기어들어가는 개미 떼는
나처럼 영영 나오지 않을 심산인가 봅니다.

—「개미집」 부분

김안의 시에 지속적으로 나타나는 존재는 '나'와 '당신'이다. 특히 그의 시의 화자는 대체적으로 일인칭인 '나'를 통해 발현된다. '나'를 통해 표현되는 시는 화자와 작품이 밀착된 관계를 맺게 된다. 화자와 작품의 밀착 관계는 시에 개입하는 시인의 의지가 적극적으로 나타날 수밖에 없다. 김안은 '나'를 통해 시와 화자를 밀착시킴으로써 세계에 대한 시적 인식을 호소력 있게 보여준다.

'나'를 드러냄에도 불구하고 시적 대상과의 거리를 객관적으로 유지할 수 있는 점은 김안이 지니고 있는 좋은 미덕이다. 대상과 화자의 밀착은 구체적이고 직접적인 세계 인식을 끌어낼 수 있는 반면 객관화되지 못한 인식을 드러낼 여지도 많다. 김안의 경우는 지속적으로 '나'가 등장함에도 불구하고, 거리를 유지하기 위해 의도적으로 낯선 풍광을 제시함으로써 대상을 낯설게 만든다. 이렇게 낯설게 만들어진 대상과 세계는 대상과의 거리를 형성하고 객관적 심상을 환기함으로써 감상적 거리를 벗어날 수 있게 된다. 더군다나 성장기를 벗어난 '나'는 시적 지평을 넓힘으로써 폭넓은 세계와 만나게 된다.

위의 시에서 '나'가 관계를 맺고 있는 '병, 공장, 목, 당신의 문장, 개미떼'는 성장기의 세계에 국한되지 않는다. 성장기 역시 축소된 세계를 보여주는 것은 아니었지만 위의 시에서 겉으로 드러난 세계는 보다 직접적으로 확장된 세계를 재현한다. 성장기를 통해 우회적으로 나타나는 주제에 비해 적극적으로 외부 세계에 대한 탐색을 할 수 있게 된 것이다. 물론 본질적으로는 성장기의 이야기이든 아니든 말하고자 하는 의미가 다르지는 않지만 시인이 나아갈 수 있는 지평이 확대되었다는 점에서 그것은 분명 긍정적이다. 그것은 원형적 심상의 크기를 통해서도 확인할 수 있다. 성장기의 원형적 심상보다는 그것을 벗어난 원형적 심상일 때 시가 지니는 상징과 은유의 거리가 비약적으로 도약할 수 있기 때문이다. 상징과 은유의 확대된 거리를 통해 의미 역시 확장된 지점을 확보하게 됨은 물론이다.

우리 시단의 젊은 한 축을 담당하고 있는 김안의 시는 난해함과 추상성이라는, 여타의 젊은 시인들의 작품과 친화력을 보인다. 그런 특성으로 인해 때로는 소통의 어려움을 겪게 되기도 하지만 추상을 보여주기 위한, 만들어진 추상이 아니라는 점에서는 긍정적이다. 김안의 시는 추상적 세계를 몽환적 환상으로 보여주기보다는 비극적 세계 인식과 원형을 통해 드러낸다. 따라서 그의 시는 분명한 시적 인식과 지향점을 가지고 말하고자 하는 지점을 향해 나아간다.

당신이라는 육식에만 힘쓸 것이다,
입 앞에 놓인 말(言)들만 게걸스럽게 먹을 것이다,

—「사람」 부분

몸속에서 톱니바퀴가 자라네. 비로소 사람이 되어가는 중이지. 그런데 자네의 공장은 너무 멀리 있어 어둠이로군.

—「치차(齒車)의 밤」 부분

눈을 감았다 뜨는 매순간마다
나도 늙고 당신도 늙고 세상은 간결해집니다
신비가 없으면
신(神)도 없고 세상도 없고 사랑 따위도 없습니다
가방은 텅 비겠지요
누구도 가난하지 않은 따뜻한 무덤이겠지요

—「버려진 말의 입」 부분

당신의 문장은
너무 멀리 떠나 죽어버린 나처럼
오늘밤, 누구의 비문이 되어 울고 있습니까

—「비문」 부분

죽은 제 식구를 자르고 갈라 이고 가는
개미를 본 적 있습니다.
개미의 머리를 이고 가던 개미는 울고 있었습니까.

—「개미집」 부분

김안의 작품은 난해함을 전제로 하지만 그의 난해함은 막연한 추상에 머물지 않는다. 위의 시에 제시된 것처럼 그는 '말, 공장, 따뜻한 무덤, 당신의 문장, 비문, 개미의 머리를 이고 가던 개미' 등을 통해 구체적 의미를 드러내고자 노력한다. 물론 단편적인 정황만으로 구체성을 획득할 수는 없지만 난해함을 파악할 수 있는 단초를 제공한다는 점에서 그것은 긍정적이다.

저녁이 오면 퇴근을 하고, 퇴근을 하면 취합니다.
취하면 당신이 내 손을 잡아주시겠습니까?
이 손은 잡자마자 폐허입니다. 몸이라는 테두리도 사라지겠지요.
왜 사람이어야 합니까,
밥을 짓고 청소를 하고 사랑을 나누는 모든 것이.

—「사람」 부분

김안이 다루고 있는 세계는 성장기로부터 변모했지만, 부정적 세계에 대한 그의 인식은 바뀌지 않았다. 그에게 세계는 여전히 '폐허'이며 '사람'이라는 온전한 자아로 존재할 수 없는 공간이다. 그에게 '나'는 폐허이므로 언제나 부정의 공간에 놓여 있는 존재이다. '나'는 '당신'과의 소통을 꿈꾸지만 '나'의 "손은 잡자마자 폐허"가 되고 만다. 김안이 인식하는 시적 자아인 '나'는 이 시에서처럼 폐허인 존재이다. 김안의 시에서 살펴볼 수 있는 시적 자아가 폐허의 모습인 것은 새로운 것이 아니다. 등단 이후에 김안이 꾸준히 보여준 세계가 부정적 세계였기 때문이다. 김안의 시적 인식은 지속적으로 부정적 인식을 드러내왔는데, 부정적 인식을 보여주는 그의 시에 나타나는 '나'는 바로 시인 자신이다. 시인은 그래서 사람의 본질과 실존에 이르고 싶어함에도 불구하고 사람에 대해 반어적 태도를 취하게 된다. 그래서 그는 "왜 사람이어야 합니까"라고 묻는다. 모든 긍정적 존재가 사라지고, 그것에 이를 수 없음을 깨닫게 되었을 때처럼 시인은 사람의 존재를 부정함으로써 견딜 수 없는 존재의 고통을 버텨내려 한다.

> 몸속에서 톱니바퀴가 자라네. 비로소 사람이 되어가는 중이지. 그런데 자네의 공장은 너무 멀리 있어 어둠이로군. 자네는 보고 있나. 한때 영혼이라 불리던 이 빛들을. 초승달이 별과 구름을 삼키며 밤하늘을 굴러다니는 밤이네. 그곳은 모태던가. 이 흰 종이는 내 방을 휘돌고 거울로 이어지지. 그 속은 아직 누구에게도 보여주지 못한 공장이네. 슬픔이, 고통이, 살기 위해 기생해야 하는 묵종과 치욕의 시간이 여전히 돌아가고 있네. 잠이 오지 않는다고 칭얼대던 낯모를 소녀를 재워 놓고선 그 등 속 깊고 어두운 허공에 손을 넣고 휘휘 저었네.
>
> —「치차(齒車)의 밤」 부분

"언제 한 번 사람인 적 있었"냐고 묻는 것처럼 시인은 긍정적으로 인식하는 곳에서마저 '공장'이라는 부정적 공간을 떠올린다. 「치차(齒車)의 밤」에 나타난 존재는 "비로소 사람이 되어가는" 인물이다. 그런데 그의 몸속에 자라는 것은 톱니바퀴이며, '모태'일지도 모르는 "그 속은 아직 누구에게도 보여주지 못한 공장"이다. 김안이 바라보는 세계는 이처럼 긍정과 부정이 혼재되어 나타난 곳이다. 김안의 이러한 인식은 절대선이나 절대악이 존재하지 않는 세계에서 충분히 드러날 수 있는 것이다. 아름다운 공간이지만 그곳은 공장과 톱니바퀴의 세계이며, 그렇기 때문에 "한때 영혼이라 불리던" 아름다운 세계는 "묵종과 치욕의 시간"이 된다. 따라서 "그 속은 아직 누구에게도 보여주지 못한 공장"이며 '슬픔'이며 '고통'이다.

김안의 시에 나타나는 인물들은 주로 '나'와 '당신'이며 '나'와 '당신'의 관계를 통해 시적 정황이 구체화된다. 이때 '나'와 '당신'은 온전한 자아를 지니고 있는 존재로서의 사람이 아니다. 내가 폐허였던 것처럼 그는 "비로소 사람이 되어가는 중"이라고 말함으로써 온전한 존재로서의 사람일 수 없었음을 드러내고 있는 것이다. 온전한 존재일 수 없기 때문에 그의 시에 나오는 '나'와 '당신'은 소멸을 향한다. "내 손은 당신의 손이 되어 내 목을" 조르고, "가방 속으로 당신의 손을 넣었더니 내 손이"(「버려진 말의 입」) 사라진다. "당신의 문장은/너무 멀리 떠나 죽어버린 나처럼/오늘밤, 누구의 비문이 되어 울고"(「비문」) 있다. '나'와 '당신'이 온전한 존재일 때 그것은 실존이 된다. 그런 점에서 김안의 시에서는 존재의 소멸과 불안이 읽힌다. 어쩌면 그것은 성장기의 실존과도 연관이 있을 것이다. 성장기는 보편적으로 불안한 존재의 모습으로 표현된다. 그런 점에서 김안이 '나'와 '당신'을 통해 소멸되어가는, 불완전한 존재의 모습을 드러내고자 하는 것은 자연스러운 일로 받아들여진다. '나'와 '당신'의 존재를 소멸과 불완전한 대상으로 인식하는 것은 존재에 대한 부정에 다름 아니다. 물론 시인이 존재 자체를 부정적 대상으로 인식하고 있는 것은 아니다. 대상의 본질이 긍정적인 것일지라도 긍정의 본질에 도달할 수 없게 될 때, 그것은 부정의 대상이 될 수밖에 없다. 김안이 인지하고 있는 존재에 대한 부정 역시 존재의 본질 자체를 부정적으로 인식하고 있는 것이 아니라 도달할 수 없기 때문에 부정적 인식을 지니게 된 것이다. 존재에 대한 부정적 인식은 세계에 대한 패배 의식과도 맞닿아 있다. 시인이 바라보는 세계는 '나'와 '당신'이 적응할 수 없는 불화의 세계이며, 바로 그곳에 시인이 놓여 있다. 따라서 김안은 의도적으로 시에 드러나는 존재를 부정하려고 한다. 그에게 세계와 그 안에 존재하는 것들은 불완전한 것들이기 때문에 '사람'이 긍정적 존재임에도 불구하고 그는 부정적 존재로 받아들이는 것이다.

'나'와 '당신'에 관한 부정 인식은 '나'를 죽음의 곁에 있는 존재로까지 바라보게 한다. 그래서 나는 "내 무덤의 비문을 읽"을 수밖에 없는 존재이다. 또한 '당신'이라는 존재는 '나'에 다름 아니다. 그렇기 때문에 죽음 곁에 있는 '나'처럼 '당신' 역시 죽음의 주변을 서성일 수밖에 없는 존재이다. "나와 똑같은 방식으로 태어난 당신의 문장"은 그래서 "너무 멀리 떠나 죽어버린 나처럼"(「비문」) 울고 있는 것이다.

김안이 '나'와 '당신'을 통해 부정적 인식에 이른 것은 사실 그들이 몸담고 있는 세계가 폐허이기 때문이다. 결국 부정적 인식의 원인은 '나'와 '당신'이 아니라 그들, 아니 바로 우리 모두를 비극의 극단 앞에 몰아넣은 삶의 배경 때문이다. 그래서 김안은 서울이라는 비극적 공간에서 차라리 자신의 눈을 먹어달라고 말한다. 그리하여 '나'는 "진실을 향해 눈을 감고 코를 막"(「개미집」)는다. 비극으로 가득한 곳에는 더 이상의 진실이 없으며, 설령 진실이 있다고 하더라도 "눈을 감고 코를 막"는 것처럼 애써 외면하게 된다. 김안 시인이 인지하는 세계는 진실이 있든 없든 중요한 것이 아니다. 진실의 존재유무는 중요하지 않다. 처음부터 진실은 존재하지 않거나 더 이상 유의미한 삶의 국면을 제시할 수 없기 때문이다. 우리의 현재가 이미 비극이라는 것이 김안이 펼쳐 놓은 세계의 진실이다. 세계는 더 이상 진실을 보여주지 않는다. "개미를 눌러 죽이는" 밤과 같은 비극적 세계는 이제 더 이상 낯설지 않다. 세계에 대해 우리는 긍정적인 것보다 부정적인 것들에 더 익숙하다. 김안이 경계하고자 하는 것도 바로 그와 같은 것이다. 그곳은 '함정'이고, 그 밤은 바로 제 식구의 머리를 들고 행진하는, 우리 자신들의 섬뜩한 비극이기 때문이다.

대상의 본질과 서정의 새로움

-김영남의 시-

대상은 호명됨으로써 의미화된다. 물론 이때의 의미가 인간을 중심으로 이루어진 것임은 자명하다. 대상은 인간에 의해 부여된 이름을 통해 우리의 지각 안으로 잠입하게 된다. 김영남 시인의 시적 대상은 기존의 질서에 의해 부여된 객관적인 측면과 시인의 주관이 만들어내는 이미지의 충돌을 통해 의미의 자장을 넓힌다. 그에게 대상은 대상의 본질을 통해 드러나는 실체가 아니라 대상이 전달하는 주관화된 이미지라는, 의도적으로 선택되고 조직된 세계이다. 김영남 시인의 신작 시에 나타난 시적 대상은 제목을 통해서만 사물의 본질에 닿아 있을 뿐, 내용은 대상의 본질과는 다른 영역을 지향한다.

그런 점에서 김영남 시인은 오규원 시인이 드러내려고 했던 대상의 본질과 차이점을 보인다. 오규원 시인의 경우는 대상 자체의 본질을 드러내기 위해 인간이 부여한 관념적, 관습적 의미를 극복하고자 했다. 그러나 이 경우에도 인간의 사유와 언어의 단계를 거치기 때문에 대상의 본질 자체를 재현하는 데에는 한계가 있다. 오규원은 그러한 한계에도 불구하고 대상의 투명성을 드러내려고 했다. 이와 같은 오규원의 '날이미지시론'과는 달리 김영남 시인은 대상을 선택하여 집중하되 대상을 하나의 매개체로 이용함으로써 오규원 시인의 '날이미지'와는 다른 영역을 지향한다. 김영남 시인과 오규원 시인의 시적 태도는 이렇듯 유사한 듯 정반대의 지점을 향해 나아간다.

누가 오는가 보게

지나가는 버스에선 또 누가 내렸나
양복을 입었고 키는 호리호리한지
들국화도 보태어볼만한지

길 한 켠 따라 걷고 있고
그 너머가 고추밭인가 무밭인가

—「코스모스」 부분

김영남은 코스모스라는 실체에 접근하기보다는 코스모스가 환기하는 이미지와 정서를 표현한다. 이때 코스모스의 이미지와 정서는 보편적이면서 동시에 시인만의 주관적 인식과 경험의 토대 위에 구축된다. 이렇게 재현된 세계 속에는 제목에서 밝힌 실체가 존재하지 않는데, 시인은 시 안에 식물의 실체를 제거함으로써 제목과 본문이 주는 충돌과 시적 의미의 간극을 나타낸다. 이때 나타나는 충돌과 간극은 난해함보다는 단순함을, 다의성보다는 간결한 의미의 전달이라는 목적을 향해 복무한다.

김영남 시인의 작품이 주는 미덕은 소박한 정서가 주는 감동과 서정의 힘에 있다. 특히 그의 시에 드러난 서정은 간결한 언어를 통해 담백한 풍경과 감정을 제공한다. 이와 같은 서정의 힘은 그가 그동안 펴낸 시집인 『정동진역』, 『모슬포 사랑』, 『푸른 밤의 여로』 등을 통해 일관되게 나타난다. 그러나 그의 시에 나타나는 서정은 상투적인 영역에 머물고 있는 서정이 아니다. 그는 이미 『푸른 밤의 여로』에서 일상을 통한 서정의 또 다른 가능성을 선보인 바 있다.

대웅전 앞 저 푸른 신호등

지금 횡단보도 건너오는 것
또한 그렇게 건너가는 것
그녀 독경 소리뿐이로다

—「수국」 부분

이번에 발표한 신작은 꽃을 매개로 하고 있다는 점이 특징이다. 꽃을 통해 서정을 드러내는 것이 특별한 시적 발화는 아니지만, 김영남 시인의 꽃은 시 안에서 의도된 꽃이라는 점 때문에 보편적 소재로서의 꽃의 한계를 극복할 수 있다. 그가 시 쓰기의 전략으로 특정 소재를 선택했다는 점에서 꽃은 의미 있는 장치가 된다. 김영남 시인의 시가 더욱 의미 있는 것은 자연발생적인 감정에만 기대어 시를 쓰지 않고 이처럼 전략적으로 시를 구조화하기 때문이다. 서정시가 빠지기 쉬운 관습적, 감상적 인식은 이러한 그의 시적 태도로 인하여 극복된다.

그의 전략은 단순히 꽃을 제목으로 삼았다는 점 때문에 주목받는 것이 아니다. 「수국」의 경우, 절의 풍경이 전하는 보편적인 인식과 장면만을 전하지 않는다. 독자들이 「수국」을 읽으며 맞닥뜨리게 되는 첫 번째 장면은 '수국'과 신호등을 동일시하고 있다는 점이다. '수국'을 통해 느낄 수 있는 일차적인 감정을 시 안에 먼저 보여주기에 앞서 '수국'을 통해 신호등을 바라봄으로써 신호등이 지니고 있는 이미지를 작품 안에 끼워 넣는다. 그럼으로써 이 시는 수국과 신호등의 복합적인 의미와 이미지의 층위를 획득하게 된다.

김영남 시인은 「메꽃」의 전설을 통해서 유년의 상처를 호명하며, 「문주란」을 통해서는 할머니의 사랑과 유년의 추억을, 「코스모스」와 「수국」, 「할미꽃」을 통해서는 기다림과 그리움을 보여준다. 김영남 시인이 나타내는 주관화된 풍광은 그것을 바라보았을 때 느낄 수 있는 기본적인 감정에 호소하고 있지만 그 감정은 상투적이거나 감상적 인식을 재현하는 것이 아니라 투명성을 지향하는 것이다. 김영남 시인의 시에 나타난 감정은 인간의 인식과 관념 위에 만들어진 것이지만 단지 재현할 뿐이라는 점과 제목과의 관계와 같은 구조적 특성으로 인하여 다채로운 시적 감흥을 느끼게 한다. 이번에 발표된 다섯 편의 시를 통해 김영남 시인의 시적 변모를 감지할 수 있다.

보인다. 표지판 반대로 돌려놓은
적군 행로를 감시한 연락병이
군화 양말 위로 번진 핏자국
뻗어나간 언덕에 앉아
어릴 적 공격대원들을 생각한다.

사선 속에서도 끝까지 임무 완수한
저 땅벌 쏘인 부위들
내 어린 열망들은 아직 복무중이다.

—「메꽃」 부분

할머니, 하고 불렀다. 오냐, 하는 목소리가 들려왔다.

(…중략…)

어느 섬에 피어 그 섬 오가는 뱃머리와 하늘에 머물렀다가 갯바위 위에서 어릴 적 나를 어루만지다가 노을 곁으로 지팡이 짚으며 사라지듯 안 사라지듯 오냐 오냐 오냐 하며 가는

—「문주란」 부분

봄 잔디가 생각났으리라, 고양이 한 마리
할머니도 그리워하다가
고운 입술 내려놓고 저렇게 졸고 있으리라

(…중략…)

새끼 두 마리 중 한 마리는 마을에 분양하고 또 한 마리는 산 너머에 분양했는데, 마을 고양이 어미 몰라보고 앙칼지게 대들어 집 나가 돌아오지 않고 있는데,
그 어미 고양이 아닌가 싶어라

바람 부니 고개 떨구고 흐느끼는 듯싶어라

노루귀도 분홍 눈으로 바라보고 있고, 어머니 어머니 부르는 소리
어디선가 희미하게 들려오고 있고

—「할미꽃」 부분

「메꽃」은 전설과 유년 그리고 메꽃을 하나의 영역 안에 놓음으로써 다양한 시적 감흥을 발산시킨다. 유년의 경우에는 전설과 결합함으로써 유년이 환기하는 상투적 인식을 벗어날 수 있다. 또한 시인은 제목을 메꽃으로 설정함으로써 전설과 유년을 하나의 지점에 놓을 수 있게 된다. 「문주란」의 경우에는 문주란에서 할머니의 이야기를 풀어내는 의외성으로 인해 독자들은 낯선 감각을 느끼게 된다. 물론 문주란과 할머니의 연결은 충분히 납득할만한 것이다. 그런 점에서 김영남 시인의 작품은 동일성과 비동일성의 원리를 적절하게 보여준다. 사실 제목만 놓고 보았을 때 「할미꽃」은 상투성이라는 함정에 빠지기 쉬운 작품이다. 그러나 이 시의 경우 '할머니'라는 시어가 직접 등장하기는 하지만 할머니에 대한 보편적인 인식을 전달한다기보다는 할머니를 둘러싼 여타의 풍광을 통해 새로운 감각을 전달한다. 특히 고양이는 이 시를 감각적으로 만드는 역할을 한다. 할미꽃과 할머니가 주는 상식적인 연상 작용을 고양이를 통해 극복할 뿐만 아니라 고양이가 내포하고 있는, 할미꽃과 할머니와는 다른 상징을 통해 이 시는 새로움을 획득하게 되는 것이다.

김영남 시인의 시는 이처럼 의도적으로 구조화되었다는 점에서 서정의 가능성과 지향점을 느끼게 해준다. 서정은 특히 상투성과 감상성을 극복하기 위한 부단한 노력이 필요한데, 그런 점에서 김영남 시인의 시는 서정이 지향해야 할 바를 적절하게 보여주고 있다. 꽃에 대한 시인의 탐구가 기대된다.

한 자루 칼의 예리함을 회고함

-김희업 시집 『칼 회고전』[1]-

여기 한 자루의 칼이 있다. 작지만 섬세하고, 평범한 듯 예리한 칼이다. 시인은 그 칼을 들고 조용히 삶의 무늬를 새기거나 칼이 지나온 기억을 더듬는다. 시인이 더듬는 삶과 기억은 누추한 것이지만 누추한 것을 통해 드러나는 직관은 예리한 칼날만큼이나 정교한 감각을 유지하고 있다.

김희업이 바라보는 대상은 대체적으로 우리 삶의 익숙한 지점에 있는 것들이다. 그러나 시인의 시야에 들어온 대상은 동시에 시적인 분위기로 충만하다. 시인이 발견한 것은 '도서관의 책에 떨어진 눈물자국'(「소금 도서관」)이거나 "너무 평범해서 포근하게 다가오는"(「이발소 그림」) 이발소의 모습이며 무덤의 상징인 어머니의 "말라붙은 젖가슴"(「뒷문」)이거나 황학동 벼룩시장에 공존하

---

1) 김희업, 『칼 회고전』, 천년의시작, 2009.

는 "현재와 과거"(「새로운 고전」)이다. 이와 같이 재현된 세계는 우리에게 익숙한 정서를 환기시켜준다. 그러나 시인의 익숙함은 신선한 직관과 맞물림으로써 익숙함의 함정을 경계하고 극복한다. 익숙한 풍광을 재현한다는 것은 언제나 진부함이라는 위험 요소를 내재하고 있는 것이다. 하지만 김희업의 시는 절제된 감정과 진술을 통해 그런 위험으로부터 한 걸음 비껴 있다. 또한 시인은 발견한 대상의 이미지를 단순히 재현하기보다는 진술을 통해 대상이 지닌 의미를 확장한다. 진술을 통해 전달되는 의미는 그래서 삶에 대한 시인의 직관을 효과적으로 나타내게 된다.

흰옷 입은 사내가
달콤한 잠옷을 내게 건네 주었어
그걸 채 입기도 전에 나를 잃어버리고 말았어

무아의 경지였어
그렇다고 꿈을 꾸는 건 절대 아니야
어떠한 꿈도 내게는 사치에 불과해
사실은, 언제부터인지는 몰라도
꿈불감증을 앓고 있어
빠르게 도망가는 잠을 놓치지 않겠어
잠 등에 올라타기만 하면
죽음의 국경선에 놓인 잠의 나라에 쉽게 도달할 수 있어
내가 잠을 자든 잠이 나를 재우든 상관없어
가난한 영혼은 나보다 먼저 잠들어 있을 테니
내 몸을 탐하거라 암울한 사자(使者)여
반납하고 싶어 안달하는

내 것이 아닌 내 몸을 가져가시라
나도 나를 알아보지 못하도록
새롭게 태어나겠어
마취의 눈꺼풀이 열리자
없어진 머리가 서서히 제자리로 돌아왔어
오오 악몽 같은 낡은 세계여
낯선 나는 왜 여기에 버젓이 있는가
곁에 나란히 누웠던
실패한 죽음을 비웃으며
나는 혀를 끌끌 찼어

회복실의 불빛, 내 몸 훑어
차례차례 잠의 옷을 벗기고 있었어
거기 또 다른 내가 있었어

—「전신마취」 전문

「전신마취」에 등장하는 수술실의 풍광은 우리가 인지하는 사실적인 공간으로서의 수술실의 모습이 아니라 '세계'와 '삶'과 '죽음'을 인지하는 인식의 공간이다. 그래서 그곳은 "무아의 경지"이며 "나도 나를 알아보지 못하도록 새롭게 태어나"는 공간이다. 이처럼 시인은 수술실의 단순한 풍광에 관심이 있는 것이 아니라 그곳에서 느끼는 직관과 통찰의 세계에 대해 관심을 기울이고 있다.

김희업이 드러내는 세계는 이처럼 예리하고 선명하다. 그의 직관은 충분히 시적이며 직관을 통해 나타난 세계를 버무리는 솜씨 또한 일품이다. 그것은 시집의 표제작인 「칼 회고전」을 통해서도 선명히 드러난다.

당장 내게 들이대더라도
두렵지 않을 것 같다
이미 오래전 칼이 내 몸을 두 차례 다녀갔기 때문
처음엔 낯선 방문자로 다가와 불쾌하게 굴던 칼,
모면하려 버둥거리다,
하는 수 없이 내 몸 칼에게 건네 주었다
실은 두려웠던 건 칼끝의 감촉
살아야 한다고, 혹은 살려야 한다며
내 몸 수술대에 눕히고
칼은,
몸을 쓰윽 건드려 보았던 것이다
두 번째 칼이 방문했을 때는
서로가 서로의 몸을 탐색하듯
어서 내 몸 더 깊숙이
어딘가 있을 희망의 성감대를 찾아내어, 내심
건드려 주었으면 했다
그날 이후로 칼에 대한 두려움이 사라지게 되지만
아, 알 수 없는 깊이를 느낀다는 것은
얼마나 황홀한 오르가슴이냐!
깊이가 깊을수록 칼은 본분을 다한 것
칼의 용도란 그런 거구나
꽃 진 자리처럼 몸에 흉터로 남아 두고두고
생의 단맛 느끼게 하던 칼의 향기자국
결국 칼이 나를 살린 셈

그때 죽음을 찌르고 칼을 선택한 것은
너무 잘한 일이라 여겨진다

—「칼 회고전」 전문

칼이 몸 안으로 들어오는 수술의 현장은 「전신마취」에서와 같이 충분히 일상적인 영역의 것이지만 시인은 보편적인 수술 장면 대신 '칼이 몸 안에 들어오는' 죽음의 모습을 전면에 부각시킨다. 그에게 칼은 "생의 단맛을 느끼게 하던" 향기이며, 그래서 그는 "칼을 선택한 것"을 "너무 잘한 일이라" 여긴다. 이처럼 낯선 지점으로 이동하는 익숙함은 김희업의 시에서 느낄 수 있는 힘이다.

김희업의 시가 드러내는 또 다른 특징은 '유사성'에 있다. 두 개의 대상을 통해 나타나는 비유는 유사한 지점을 상당 부분 지니고 있다. 비유가 유사성과 이질성을 통해 드러나는 시적 장치임을 생각해보면 그의 시가 드러내는 유사성은 비유의 당연한 결과물일지도 모른다.

그의 시가 보여주는 비유는 대체적으로 이질성보다는 유사성을 기반으로 하고 있다. 그러나 그는 유사한 세계의 재현에만 관심을 기울이지 않는다. 시집의 해설에서 고봉준이 지적한 바와 같이 그의 시는 "이질적인 장면들 혹은 사물들을 병렬적으로 제시되는 부분과, 그것들 사이에서 유사성을 포착해내는 부분"으로 구성된다. 김희업의 작품은 이질적인 부분의 극단을 향해 나아가지 않음으로 해서 이질성과 유사성의 절제된 지점을 확보할 수 있었던 것이다. 결국 이질성과 유사성의 절제된 지점을 통해 드러내는 진술은 익숙하지만 진부하지 않고, 늘 보아온 것이지만 동시에 새로운 것이다.

여기 한 자루의 칼이 있다. 그리고 그 칼을 능숙하게 다루는 섬세한 손이 있다. 김희업의 손은 거칠고 투박한 칼을 쥐고 있는 손이 아니라 한 치의 오차도 허용하지 않는, 섬세한 칼을 쥐고 손이다. 하여, 그의 손은 시적 세계의 예민한 지점을 포착하고 꼼꼼히 무늬를 새겨 넣는 섬세함으로 충만하다. 이와 같은 손의 섬세함. 그것이 바로 『칼 회고전』이 우리에게 전해주는 진지한 삶의 울림이자 처연한 아름다움이다.

통정(通情)과 여백의 세계

-유종인 시집 『수수밭 전별기』[1]-

유종인 시인의 세 번째 시집 『수수밭 전별기』는 마치 한 폭의 동양화를 보는 듯한 느낌을 불러일으킨다. 그러나 유종인 시인이 보여주고 있는 동양화는 음풍농월이나 물아일체의 세계가 아니라 세상의 물살에 몸을 섞고 "큰물에 큰 소리로 울며 내려"앉은, "붙박이 가구처럼 살던"(「바위들」) 슬픔의 세계이다. 그렇기 때문에 시인은 "끝끝내 끝물의 눈시울로 남아 스스로를"(「들어가다」) 적시고 "먼 데 죽음이 태산처럼 쌓여도, 고작 내가 쐬는 건 이런 바람뿐"이라며 자신과 세상에 대한 반성적 세계를 드러낸다. 이처럼 유종인 시인이 보여주는 동양화 속의 세계에는 자연 속에 자연스럽게 들어앉은, 그러나 "울음도 안 나오는"(「소나무 숲에서」) 쓸쓸하고 절실한 삶의 아픔이 있다. 때문에 유종인 시인이 보여

1) 유종인, 『수수밭 전별기』, 실천문학사, 2007.

주는 그림 속의 대상은 강렬한 색채로 자신을 드러내는 법이 없으며 단순하고 절제된 색으로 시적 대상과 그것을 둘러싼 것들의 아픈 지점을 드러낸다.

시인이 보여주는 시적 대상은 능동적인 모습을 통해 세상과의 통정을 꿈꾸는 것이 아니라 자신을 둘러싼 것들과 그것의 주변을 에워싼 텅 빈 여백을 통해 세상과의 통정을 꿈꾸고 있다. 그에게 여백은 드러나지 않은 세상의 또 다른 상처와 슬픔이다. 여백 위에 무심히 던져진 시적 대상의 상처와 슬픔은 그래서 잔잔하지만 깊은, 내면의 목소리를 지니고 있으며 상처와 슬픔을 둘러싼 여백은 눈으로는 볼 수 없는 통정의 세계를 완성시킨다.

> 씁쓸한 낮거리 얘기란다
> 그가, 한낮의 사창가를 거닐다가, 잡혀 들어가듯
> 한낮에도 밤인 그녀의 방, 배 위에 배를 얹고
> 아랫도리를 놀리던 순간, 신음 소리 뒤에
> 억눌린 잔기침 소리가 간간이 올라오더란다
> 섹스가 집중이 아니 되더란다 아래 사람의
> 잔기침 소리가 자꾸자꾸 귀청을 밟아와
> 무슨 꾸지람처럼 그의 몸으로 전해오더란다
> 그녀의 배는 어느 순간 사라지고 저 혼자
> 지구라는 땅별하고 흘레붙고 있는 것 같아
> 말없이 땀 흘리며 외로워지더란다
> 잔기침 소리를 지우려고 더욱더 거짓 신음 소리가
> 애쓰듯 기침 사이사이에 피어나더란다
> 일 마치고 환한 대명천지에 드러나 보이는
> 유곽이, 폐가된 꽃 대궐 같더란다 기침 소리

온몸으로 전해 듣고 나오니
화대가 아니라 약값을 주고 나온 것 같더란다
어느새 봄꽃들 다 범하듯 덮어버린 초록 잎새들만
바람에 가랑이 벌렸다 오므리는 그 사이로
밭은기침을 내보내던 앙상한 그녀의 아랫도리 같은
묵은 줄기가 못 볼 것처럼 자꾸 눈에 밟히더란다

—「기침소리」 전문

「기침소리」에 등장하는 시적 대상은 유곽에서 몸을 파는 '그녀'와의 육체적 통정을 통해 세상과 통정하게 된다. 그러나 '그'는 '그녀'의 아픔을 그저 바라보기만 하는 존재가 아니라 '그녀'의 아픔을 절실하게 느끼는, '그녀'의 또 다른 모습이기도 하다. '그녀'와 동일시 된 '그'를 통해 시인은 관망자로서가 아니라 당사자로서 아픔을 느끼고 상처를 끌어안는다. 바로 이와 같은 점 때문에 우리는 유종인의 시를 따뜻하게 받아들이게 되는 것이다. '그'와 '그녀'의 육체적 통정은 그래서 절절한 울림을 지니는 정신적 통정이 된다.

유종인의 통정은 긴밀한 관계를 통해 이루어진다. 이 시에 등장하는 '그'와 '그녀' 역시 서로의 아픔과 결합을 통해 긴밀한 관계를 맺고 있다. 처음 만나 그들은 그래서 "말없이 땀 흘리며 외로워"지고 '그녀'의 기침소리를 "온몸으로" 전해 듣는 것이다. '그녀'의 상처와 맞닥뜨린 '그'에게 '그녀'의 상처는 곧 '그'의 상처가 되고 그렇기 때문에 "그녀의 배가 어느 순간 사라지"게 되고 결국 '그'만 남게 되는 것이다. 혼자 남은 '그'는 마치 텅 빈 여백과 같은 공간에 홀로 남겨져 "지구라는 땅별하고 흘레붙고 있는 것 같아/말없이 땀 흘리며 외로워지"는 경험을 하게 된다.

그러나 '그'가 느끼는 외로움은 결국 '그녀'와 정신적으로 하나가 된 통정을 경험했기 때문에 가능한 일일 것이다.

유종인 시인이 드러내는 소통의 목소리는 차분하고 쓸쓸하다. 그래서 시인은 낮거리를 하면서도 그녀의 몸에서 "폐가된 꽃 대궐"을 발견하고 "밭은기침을 내보내던 앙상한 그녀의 아랫도리 같은/묵은 줄기가 못 볼 것처럼 자꾸 눈에" 밟히는 것이다

들판의 농수로 가에서
드디어 야생의 너를 만났다

(…중략…)

속 빈 채 나뒹구는
이 농약병이 맺어준 근친(近親)이다
주둥이가 깨진 약병의 소개로
나는 너를 말없이 들여다보다
바람과 풀잎만이 스쳤을 네 털들을 보듬고
꼼짝 않는 너의 네 발을 모아 잡아
갯버들 그늘 아래 끌어다 묻고
중매쟁이 농약병을 멀리멀리 던진다

'식물전멸제'라 쓰인 농약을 먹고
너는, 네 몸을 썩히고 훑은 후에
어느 봄날의 발목을 덮는
바랭이풀로 좇아올 건가

―「너구리 장례식」 부분

「너구리 장례식」에서도 시인은 세상과의 소통을 이야기 하고 있다. 이 시에서도 그는 대상과 자신을 동일시하여 더욱 절실하게 아픔을 끌어안는다. "들판의 농수로 가에서" 만난 너구리는 곧 시인 자신이기도 한데, 시인과 너구리인 '우리'는 농약병이라는 치명적인 위험으로부터 벗어날 수 없는 약자이기도 하다. 너구리와 시인은 동일시된 대상이기 때문에 너구리를 만난 시인은 너구리의 죽음 앞에서 어찌하지 못하고 "꼼짝 않는 너의 네 발을 모아 잡고/갯버들 그늘 아래 끌어다" 묻을 뿐이다. 그리고 너구리를 죽음에 이르게 한 농약병을 멀리 던져버리는 것 말고는 그 어떠한 행동도 하지 못한다. 죽은 너구리를 묻고서 시인이 발견한 것은 "어느 봄날의 발목을 덮는/바랭이풀"이다. 농약을 먹고 죽은 너구리의 몸이 썩은 후에 바랭이풀로 돌아온다는 것은 그만큼 세상을 바라보는 시인의 시선이 따뜻하다는 반증이기도 하다.

시인이 너구리의 죽음으로부터 시선을 옮겨 바랭이풀을 볼 수 있었던 것은 너구리의 죽음과 그 죽음을 둘러싼 풍경이 죽음이라는 대상에 압도당하거나 압도하지 않았기 때문이다. 너구리의 죽음을 본 시적 화자는 너구리의 죽음과 자신을 동일시했지만 그 관계에서 오는 서글픔을 담담하게 바라보았기 때문에 「너구리 장례식」은 죽음에 대한 과장된 고민이나 어투 없이 죽음 너머의 또 다른 생을 포착해 낼 수 있었던 것이다. 자연과의 합일을 통해 드러나는 삶의 국면은 그래서 처연하되 감정의 과잉 상태로 치닫지 않고 객관적 거리를 유지하게 된다.

> 추운 날 오일장 한 귀퉁이에서 뿔도장을 새기는 사내가 있다
> 뜨내기손님의 이름을

플라스틱 뿔도장에 새겨넣는 소리,
그 소리가 왁자지껄 시장판 소리들 중에
제일 어린 소리겠다

(…중략…)

추운 날 오일장 한 귀퉁이에서 뿔도장을 새기는 사내가 있다
살아서 짧게 새기고 죽어서 오래 버티리라
옛집의 낡은 서랍 속에서 남겨진 옥구슬처럼
제 이름의 뿔도장이 구르는 소리, 그 작은 기척에
저승 귀를 토끼처럼 세우고 소리의 배를 채우러 오는 망자들 있으리라

—「뿔」 부분

여기 도장을 새기는 사내가 있다. 그 사내는 "추운날 오일장 한 귀퉁이에" 앉아 볼품없는 플라스틱 뿔도장을 파는 사내이다. 사내가 앉아 있는 곳은 "그 소리가 왁자지껄"한 시장판이다. 그런데 그렇게 시끄러운 시장판의 소리 중에는 사내가 내는 소리도 있으니 그것은 바로 사내가 "뜨내기손님의 이름을/플라스틱 뿔도장에 새겨넣는 소리"이다. 그 소리는 "왁자지껄 시장판 소리들 중에/제일 어린 소리"이다.

이 시에는 많은 소리가 등장한다. 물론 이 시가 소리의 구체적인 실체를 밝히고 있는 것은 아니지만 왁자지껄한 시장판이라는 공간적 배경은 이미 우리에게 무수히 많은 소리의 형태를 떠올리게 한다. 그 소리들 중에 뿔도장을 파는 소리는 "제일 어린 소리"이다. 그런데 제일 어린 뿔도장 파는 소리가 시장판의 왁자지

껄한 다른 소리를 압도하고 우리의 귀에 선명하게 박힌다. 그것은 아마도 "생피가 돌던 뿔이 돌덩이처럼 굳어" 이름을 새겨 넣는, 이름이라는 시어가 함의하고 있는 상징에서 연유한 것이다. 그래서 이름을 새겨 넣는 소리인 뿔도장을 파는 소리는 이미 그 소리만으로도 시장판의 왁자지껄한 소리와는 다른 질감과 파장을 지니게 된다. 이때 뿔도장을 둘러싼 시장판의 왁자지껄한 소리는 꽉 차 있기 때문에 오히려 텅 빈 공간이 된다. 뿔도장과 뿔도장에 이름을 새겨 넣는 소리만 남겨놓은 시장의 왁자함은 무성영화처럼 소리를 잃어버리고 뿔도장의 소리와 의미를 강화하고 확장하는 여백이 된다.

유종인 시인이 바라보는 시적 대상은 이처럼 여백과 대상과의 통정을 통해 깊이를 확보한다. 유종인 시인이 보여주는 시적 대상은 더함도 덜함도 없이 대상의 담백한 모습을 있는 그대로 드러내며, 그 대상을 둘러싼 것들은 「뿔」에서처럼 여백이 되어 시적 대상을 통해 드러나는 내면의 깊이를 확보한다. 또한 그와 같은 깊이는 삶의 내밀한 부분을 곱씹어볼 수 있는 은근한 시간과 공간을 마련해준다. 그리고 시인은 이처럼 내면화된 깊이를 통해 세상과의 통정을 꿈꾼다.

아래의 「도살」이라는 작품은 칼과 바람의 섬뜩한 통정을 보여주는 핏빛 선연한 장면이 어떻게 새하얀 여백의 공간을 확보하는가를 잘 보여주는 작품이다. 자, 그럼 시인이 보여주는 또 다른 통정을 따라 "붉은 멱 감고 나오는" 칼과 "돼지 멱 붉은/피 여울에 하얗게" 뛰어드는 "늦바람 싸락눈 한 됫박"의 선연한 여백의 공간으로 들어가 보자.

희디흰 쏠림들

맥을 놓고 바라보는 들창 너머의 흰
산 그림자,
저기도 뭐 먹을 게 있을까 무심코

절이 보이지 않는
절 아래
제일 첫 동네에선

싸락눈 맞으며
돼지 멱을 따는 사내들이 있겠다
돼지 멱따기 전에 듣는 발버둥치는 소리,
다시 싸락눈 한 홉이 흩뿌려진다

(…중략…)

잘 벼린 부엌칼이 돼지 멱 속으로
들어가 붉은 멱을 감고 나온다

소문 듣고 달려온 늦바람 싸락눈 한 됫박이
콸콸대는 돼지 멱 붉은
피 여울에 하얗게 뛰어든다

—「도살」 부분

사랑의 힘, 리듬의 힘, 서정의 힘

-윤석정 시집 『오페라 미용실』,[1] 한우진 시집 『까마귀의 껍질』[2]-

시에 대한 이천 년대의 여러 논의가 시의 외연을 확장했다는 데에는 대체적으로 동의할 것이다. 물론 전위적인 작품에 주목한 그러한 논의가 또 다른 소외를 낳기도 했지만 역기능보다는 순기능이 더 많았다. 그런데 한 가지 생각해볼 문제는, 이천 년대에 주목받은 작품들이 혹시 시 장르 본연의 모습을 잃어버린 것은 아닌가 하는 것이다. 특히 리듬의 문제가 그렇다. 물론 리듬의 문제가 어제 오늘의 일은 아닐 것이다. 그러나 최근 일부 시에서 드러나는 리듬의 부재는 시 본연의 모습으로부터 벗어나 있는 것이기 때문에 다시 한 번 생각해볼 필요가 있다. 결국 산문화된 시적 언술은 리듬의 부재뿐만 아니라 시 언어가 지녀야 하는 긴장

1) 윤석정, 『오페라 미용실』, 민음사, 2010.

2) 한우진, 『까마귀의 껍질』, 문학세계사, 2010.

의 힘마저 무너뜨리게 했다. 시 언어는 기본적으로 경제적인 언어여야 한다. 불필요하게 쏟아내는 언어는 시적 긴장감을 와해시킬 뿐만 아니라 지배적인 인상이나 직관을 통해 얻게 되는 시적 감흥을 감소시킨다. 그런 점에서 윤석정의 『오페라 미용실』과 한우진의 『까마귀의 껍질』은 시가 지녀야 할 미덕이 무엇인지 잘 알고 있는 시집이다.

윤석정의 『오페라 미용실』과 한우진의 『까마귀의 껍질』은 시 언어와 시적 표현의 본질에 대한 고민을 하게 한다. 두 시집은 정제된 언어와 리듬이 주는 아름다움과 예술적 감흥을 통해 시 언어가 지향해야 할 지점을 제시한다. 윤석정의 언어는 유려하고 한우진의 언어는 정갈하다. 또한 윤석정의 유려함은 단순하게 매끄러운 리듬만을 가지고 있는 것이 아니라 비극적 삶의 국면까지 아우른다. 한우진의 정갈함 역시 정제된 언어의 투명성뿐만 아니라 시적 직관을 포괄한다.

> 능선으로 몰려든 검은 구름이
> 귀밑머리처럼 삐죽삐죽 나온 지붕에 한 발을 걸친다
> 그 사이, 좁다란 골목길이 계단을 오르며 헉헉 숨쉬는 곳에
> 할아범 측백나무와 오페라 미용실이 마주 서 있다
> 그는 매일 미용실 바깥의 오페라를 감상한다
> 미용실 눈썹 처마에 모아 둔 나뭇잎 음표들이 옹알거릴 때
> 가위를 갈다가 번뜩이는 악보의 밑동,
> 백지에 오선을 긋던 어머니는 병세를 자르지 못해
> 머리가 자란 음표를 모두 빼내 옮겨 적었고
> 연주가 서툰 아버지는 가파른 골목길로 내려가 돌아오지 않았다
> (…중략…)

동네 아이들이 집으로 가는 길에선
울음이 두근거리는 아리아로 변주해 울려 퍼지고
측백나무에서 마지막 남은 음표가 눈썹 처마에 떨어질 때
낮은 지붕 위로 함박눈이 음계 없이 쏟아진다
나뭇가지 오선지 끝에 하얀 음표가 대롱대롱 매달리고
악보에 없는 동네 사람들이 돌림노래처럼 몰려나와
희희낙락 오페라를 구경한다

—윤석정, 「오페라 미용실」 부분

윤석정은 시집 곳곳에 음악에 대한 관심을 직접적으로 드러낸다. 그것은 때로는 "왈츠"(「레슬러 부부의 왈츠」)였다가 "박자를 넣은 아버지의 뽕짝 몇 곡"(「타화자재천」)이 되기도 한다. 그리고 "비음처럼 서글프"게 들리는 "씨르래기 울음"(「몽중인」)이 되어 시인의 마음에 들어서기도 한다. 윤석정의 리듬은 당연히 시어로서의 음악이 시집 곳곳에 드러나기 때문에 나타나는 것이 아니다. 윤석정의 리듬은 음악과 관련된 시어가 등장하기 때문이 아니라 호흡과 관련이 있다. 윤석정의 시를 읽을 때면 시각적 이미지가 리듬으로 현현한 듯한 느낌을 받는다. 그리고 그것은 호흡을 따라 생동감 있는 리듬을 만들어낸다. 「오페라 미용실」 역시 시각적 이미지가 청각과 어우러지면서 리듬을 드러낸다.

눈물을 만드는 공장에 신들이 있다
증기를 가공하는 백만 분의 일 초
인연을 떠올리는 영 점 일 초
일만 헥타르 공장을 증기로 채울 수 있는 시간
잠시도 눈을 감지 않는 신들이 있다

삼백육십오 일 타오르는 불이 공장에 있다
공장 틈에서 화가 터져 나오는 천만 분의 일 초
기관을 달구던 신들은 가슴이 뜨거워
번개를 공장 바깥으로 치우거나 입이 커다란 바람을
시속 이삼백 킬로미터로 불게 한다
때때로 바람의 영향으로 공장과 공장이
다툼 없이 분리하기로 한 영 점 영일 초
가슴이 막힐 것 같다는 신이
화병으로 눈을 감고 숨을 거둔 적도 있다

한때가 지나고 매우 느리게
부지를 확장하는 공장을 보고
사람들은 적막하다 오해할 때도 있으나
화를 다스려야 하는 신들은 바쁘다
오래도록 변치 않는 신들의 방침이 있다
성실한 공원으로 산다는 것
공장과 자신을 한 몸으로 만들어야 한다는 것
눈물을 만드는 공장의 신들은 아파도 눈물을 흘린 적이 없다
사람들은 공장에서 버린 폐수를 눈물로 헷갈려 한다
인연이 내 가슴을 가져간 영 점 영영일 초
내 눈 속 공원들은 파업을 한 적이 없다

—윤석정, 「구름공장공원」 전문

공장에서는 눈물을 만들고 "공장의 신들은 아파도 눈물을" 흘리지 못한다. 그리고 그곳에 우리들의 인연이 있다. 윤석정은 「구름공장공원」을 통해 눈물이 환기하는 삶의 아픔을 드러낸다. 눈

물마저도 공장에서 만들어지는 세계에 우리가 있고, 우리는 "공장에서 버린 폐수를 눈물로 헷갈려 한다".

윤석정이 시집 『오페라 미용실』을 통해 말하고자 하는 것은 다름 아닌 '사랑'이다. 시인은 세계에 대해 사랑의 마음으로 연민의 시선을 던진다. 그러나 윤석정은 사랑에 대해 진부한 어조로 이야기하지 않는다. 그렇기 때문에 독자들이 그의 시집을 통해 느끼는 감정은 낯익은 것이라기보다는 낯선 것이고, 진부한 것이 아닌 새로움인 것이다. 여기에 윤석정 시의 특별함이 있다. 어쩌면 윤석정이 말하고자 하는 것은 낯익은 세계에 기대어 드러나는 것일지도 모른다.

그런데 놀라운 것은 그것이 낡거나 감상적인 것으로 전락하지 않는다는 점이다. 그 이유는 윤석정의 시가 담고 있는 객관화된 화자와 시적 대상 때문인 것으로 보인다. 시 속에서 말하고 있는 자는 시인 자신이기도 하면서 철저하게 대상과 거리를 둔 존재이기도 하다. 시 안에 드러난 이야기는 지극히 사적인, 시인 자신의 이야기이지만 대상과의 거리를 유지함으로써 낯선 영역을 확보하게 된다. 윤석정의 시가 낯설게 느껴지는 또 다른 이유는 그가 사실적 세계만을 전면에 내세우지 않는 데에서도 찾을 수 있다. 윤석정의 사실적 세계는 항상 형이상학적 원형을 가지고 있는 객관화된 시·공간이나 관념과 결합하여 낯익은 공간을 낯익지 않은 것으로 치환하는 능력을 가지고 있다.

> 발치에 떨어진 새의 노래를 끌어올려 높은 데로 보내려고 나무는 서서 버티는 것인데 꼿꼿하게 수직으로 버티는 것인데, 그리하여 새는 옆으로 나는 것이다 나무의 고통을 전하러 멀리멀리 수평으로 날아갔다가 돌아오는 것이다 가령, 벌목꾼들이 나무를 쪼개거나 숨통

을 조이면 거기서 으름씨로 쏟아지는 촘촘한 새의 고백록을 발견하게 되는 것인데 간혹, 숲을 빠져나오지 못한 벌목꾼은 새의 통곡을 뼈저리게 듣기도하는 것이다

—한우진, 「나무와 새: 십자가의 탄생」 전문

한우진 시의 미덕은 시적 정황을 발견하는 힘이다. 이때 한우진의 시적 정황은 직관의 힘에 기대어 발현되는 경우가 많은데, 자칫 진부한 사유로 전락할 수 있는 직관을 능숙한 솜씨로 다룬다. 「나무와 새: 십자가의 탄생」의 경우에 수직인 나무와 수평인 새가 등장한다. 이것을 통해 환기시키는 것은 자칫 상투적일 수 있는 것들이다. 특히 나무를 통해 수직이 드러내는 이미지와 진술을 얻어내는 것은 더 이상 특별한 것이 아니다. 그렇다고 나무가 수직으로 전이되는 것이 전적으로 진부하다는 것은 아니다. 하지만 어느 정도 보편성을 획득한 것임은 분명한 사실이다. 한우진 시의 매력은 이러한 것들이 주는 보편적 의미 너머의 것을 발견하게 하는데 있다. 수직인 나무와 수평인 새가 만나 만들어내는 공간은 새로운 영역으로 확장된다. 또한 독자들이 새로운 영역에서 맞닥뜨리는 삶에 대한 직관은 한우진 시의 매력을 배가시킨다.

쥐들이 바빠진다
쥐의 눈을

숲은 웅크리고 꿰뚫어본다
검은 골짜기로 흘러들어가는

구름이 차린 들판의 식탁
열매와 남겨진 음식은 식는다

침묵의 달을 훔친
꽃들의 혀는 날름거린다

대지가 짜낸
꿀이 흘러간 상처는 아문다

모래가 가득한 손에 들려진
물은 물병에서 시든다

썩은 말과 남겨진 열매,

이름 붙여진 것들의 이름이 사라진다
쥐들은 바빠진다

—한우진, 「시월」 전문

한우진이 시월의 풍요로움과 그것을 노리는 쥐들을 통해 얻어낸 풍경은 수많은 형이상학적 원형으로 가득하다. 한우진의 시선은 사소한 것으로부터 확장된다. '숲, 골짜기, 구름, 열매, 침묵, 꽃, 대지 꿀, 상처, 물, 말' 등을 통해 한우진은 '이름'에 대해 이야기한다. 이때 이름이 의미하는 것은 모든 존재의 본질이다. 또한 이름을 향해 가는 '숲, 골짜기, 구름, 열매, 침묵, 꽃, 대지 꿀, 상처, 물, 말' 등의 시어는 '시월과 쥐'가 주는 시적 정황의 외연을 확장시키는 역할을 한다. 한우진이 바라보는 세계는 각각의 시어가 주는 깊고 넓은 원형을 확보함으로써 외부를 향해 나아간다.

구름은 끈적끈적
공중에 돌이 떠 있다
밤이 올라탄 아침이 왔다

여자들은 아침이 되었건만 옷을 입지 않았다
이슬은 찐득찐득
천렵을 가는 날이었는데 눈부실 것은 없었다

나뭇잎이 물에 꽂히면서 울었다
거친 바람이 걷는 자를 사색하는 자로 만들 듯이
구름 때문에 바지가 흘러내렸다

풀들이 모여들어 새가 갉아먹은 나뭇잎을 다독거렸다
나무 굽는 냄새가 피어올라 돌 속에 든
등잔의 혈관을 터트렸다

한낮이 되었건만 밤은 곯아떨어지질 않았다
식은 팥죽을 엎지른 강이 질컥질컥
천렵을 하는 날이었는데 물고기는 잡히지 않았다

물고기를 닮은 나뭇잎이 시체로 떠올랐다
천국이 가까워질수록 울음소리는 저벅저벅
구름이 묻은 구두는 쉬는 동안 부르텄다

천렵을 마치고 여자들은 눈썹을 태웠다
마지막 버스가 뭉게뭉게 지나갔다
여름밤의 아가리로 재가 몰려갔다

—한우진, 「천렵」 전문

「천렵」은 한우진이 만들어놓은 공간과 '천렵'이 결합하여 섬뜩함을 전달한다. 「천렵」의 공간은 더 이상 유년의 아름다운 공간이 아니다. '천렵'의 세계는 확장되어 시인이 만들려고 하는 세계의 원형을 향해 나아간다. 그곳에 이제 풍요로운 물고기는 없다. 아름다운 공간이었던 '천렵'의 공간은 다만 "물고기를 닮은 나뭇잎이 시체로" 떠오르는 곳일 뿐이다.

한우진의 시와 윤석정의 시는 서정의 공간을 통해 노래하고 있지만 그때 드러나는 서정은 우리에게 보편적인 심상을 환기하지 않는다. 그것은 위에서 언급한 작품 이외에 특히 가족과 일상의 체험을 드러낸 작품에서 돋보인다. 한우진과 윤석정은 새로움을 느끼기 힘든, 익숙한 지점을 자신의 영역으로 가지고 와서 새롭게 만드는 능력을 보여주고 있다. 그러한 점이 이들 시인이 지니고 있는 새로움의 능력이자 놀라운 힘이다.

서정과 일상의 깊이가 드러내는 푸른 밤의 세계

-김영남 시집 『푸른 밤의 여로』[1]-

김영남 시인의 시는 투박하고 선한 눈빛과 닮아 있다. 단순한 듯 짐짓 능청을 떨고 있는 그의 시를 통해 독자는 소박하고 진솔한 아름다움과 만날 수 있다. 또한 김영남 시인은 서정을 통해 자신의 시세계를 드러내고 있는데, 그의 시에 드러나는 서정은 일반적인 자연적 서정의 세계에 머물지 않고 있다.

그에게 서정은 시인의 삶이 관통하는 일상의 공간이다. 김영남 시인은 자신의 삶을 서정의 가운데 놓고 그것을 능청스런 말투로 드러낸다. 그래서 시인은 "'아버지'란 이름으로" "밀린 잠을 못 자고 일찍 일어나야"(「나의 실존주의가 없다」) 하고 "거친 숨을 선박처럼" 뿜으며 "직장에서 돌아온 아내의 깊은 잠 속"(「밤마다

1) 김영남, 『푸른 밤의 여로』, 문학과지성사, 2006.

그녀는 기선이 된다」)을 바라보기도 하는 것이다. 그의 시 속에 드러나는 일상은 꾸밈없는 '아줌마'의 모습과도 같이 친근하고 익숙하다. 때로는 그와 같은 친근함이 단순함으로 읽히기도 하지만 꾸밈없는 단순함은 김영남 시인의 시가 지니는 중요한 미덕이다. "골목에서 아이들이 '아줌마'하고 부르면" 돌아보는 "낯익은 얼굴"(「'아줌마'라는 말은」)의 모습은 김영남 시인의 시가 지니고 있는 모습에 다름 아니다. 이러한 '낯익음'과 '꾸밈없는 단순함'은 그의 시세계를 맑고 투명하게 만드는 원동력이다.

골목이 시작되고, 골목 옆구리
파도 출렁대는 곳에 환한 창이 있다.
그 창에선 초저녁부터 김칫국 냄새가 번지고
가끔 웃음소리도 들리곤 한다. 그런데 빠져나온
웃음소리 하나가 창을 부풀게 한다.
자꾸만 부푸는 게 커다란 분홍 풍선이다.
쪼그리고 앉아 그 풍선 잡고 있으니 내가 질질 끌려간다.
끌려가 감나무에 걸려 대롱대다
바다에 빠져 죽을 것 같아 안간힘으로 버티어본다.
그러자, 갑자기 내 어머니가 나타나고 쓸쓸한 우리집 식탁이 보인다.
식탁 너머로 내 이른 귀가를 기도해주던 상도교회 구역장님이 지나가고
복슬 강아지, 검은 고양이, 군고구마 아저씨도 지나가고……
지나가지 않아야 할 것들도 지나가고 있어
난 잡고 있던 풍선을 그만 놓아버린다.

—「마량항 분홍 풍선」 부분

위의 시에서 시인은 골목길에 서서 창을 바라보고 있으며 그 창을 통해 김칫국 냄새를 맡고 웃음소리를 듣는다. 쓸쓸한 풍경을 떠올리게 하는 모습을 통해 시인은 가슴 저미는 아름다움을 독자들에게 보여준다. "감나무에 걸려 대롱대다 바다에 빠져 죽을 것 같아 안간힘으로" 버티고 있는 시인의 눈에 비친 풍경은 "쓸쓸한 우리집 식탁"이다. 시인은 '우리집 식탁'을 통해 "이른 귀가를 기도해주던 상도교회 구역장님"을 보고, "복슬 강아지, 검은 고양이, 군고구마 아저씨" 등을 바라보는데, "쓸쓸한 우리집 식탁" 너머로 보이는 것들은 그의 시가 드러내는 아름다움을 단적으로 보여주는 좋은 예이다.

또한 김영남 시인의 시는 행간의 간극 속에 숨어 있는 깊이를 지니고 있다. 그의 시에 드러나는 깊이는 정갈하게 빚어놓은 소박한 음식의 맛과 같다. 강렬하지는 않지만 음미할수록 맛과 향이 배어나오는 은근함은 김영남 시인의 시가 지닌 장점이다.

기러기 지나가려 하니
쓸쓸하지 가을 하늘아?

난 예 논두렁에서
너처럼 저물 순 없겠다.

순이 고무신 속 들국화를 보겠구나.
꽃 주위 붕붕거리는 멍청이 꿀벌과
저 방죽 위 억새꽃으로

난 어딜 좀 다녀와야겠다.

—「상강 무렵」 전문

맑고 깊은 곳의 저 높은 두 줄이여
그 길 동행의 코스모스 산골길이여
선생님이 띄운 가을 칠판 밑줄이여

내 마음 속 제일 아끼는 이 사연을
내 없는 누이와 함께하고 싶음이여

—「고향 가을 하늘 비행기」 전문

「상강 무렵」에서 시인이 바라보는 곳은 "가을 하늘"이고 시인이 서 있는 곳은 "논두렁"이다. 시인은 하늘과 땅 사이의 간극을 통해 "고무신 속 들국화"와 '꽃, 꿀벌, 방죽, 억새꽃' 등과 같은 것들이 전달하는 시적 정서의 깊이를 배치하고 있다. 또한 「고향 가을 하늘 비행기」에서 역시 하늘과 길의 간극을 통해 시인의 내면을 담담하게 보여주고 있다. 김영남 시인에게 하늘과 땅 사이의 텅 빈 공간은 여백이면서 동시에 촘촘하게 채워진 세계이기도 하다. 그래서 독자는 텅 빈 공간을 읽으며 쓸쓸하고 아련한 시인의 마음을 어렵지 않게 발견하게 된다.

김영남 시인의 『푸른 밤의 여로』에서 빼놓을 수 없는 것은 '푸름'과 '달'의 이미지이다. 신화적인 세계를 떠올리게도 하는 '달'과 시적 화자의 정서를 적확하게 표현하고 있는 '푸름'의 이미지는 이 시집이 드러내는 세계를 보여주는 중요한 장치이다.

둥글다는 건 슬픈 거야. 슬퍼서 둥글어지기도 하지만 저 보름달을 한번 품어보아라. 품고서 가을 한 가운데 서봐라.

푸른 밤을 푸르게 가야 한다는 건 또 얼마나 슬픈 거고 내가 나를 아름답게 잠재워야 하는 모습이냐. 그동안 난 이런 밤의 옥수수 잎도, 옥수수 잎에 붙어 우는 한 마리의 풀벌레도 되지 못했구나. 여기에서 나는 어머니를 매단 저 둥근 사상과 함께 강진의 밤을 걷는다.

(…중략…)

구두가 미리 알고 걸음을 멈추는 곳, 여긴 푸른 밤의 끝인 마량이야. 이곳에 이르니 그리움이 죽고 달도 반쪽으로 죽는구나. 포구는 역시 슬픈 반달이야. 그러나 정말 둥근 것은 바로 여기에서부터 출발하는 거고 내 고향도 바로 여기 부근이야.

—「푸른 밤의 여로」 부분

달, 저 달을
싸리울에 묶어본다.
허름한 말뚝에 매어본다.

그러면 달이 젖는다.
젖어 푸른 밤이 된다.

나는
푸른 밤 속으로 들어간다.
들어가 묶어둔 달을 풀어준다.
(…중략…)
달, 저 달은 날 가둔다. 바다 한가운데 가두고
고백하라, 반성하라 고문을 해온다.

—「가을밤이 되면」 부분

시인에게 둥글다는 것과 푸르다는 것은 쓸쓸함과 슬픔에 다름 아니다. 그래서 시인은 「푸른 밤의 여로」에서 “둥글다는 것은 슬픈” 것이라고 말하고 있으며 “푸른 밤을 푸르게 가는 것” 역시 슬픈 것이라고 말한다. 시인이 둥근 것과 푸른 것을 통해 발견하는 것은 바로 고향이다. 푸른 길의 마지막이 있는 곳, 반쪽만 둥근 포구가 있는 곳, 그리움과 달이 죽는 곳 등이 바로 그러한 것인데, 그에게 둥글고 푸른 고향은 그가 도달해야 하는 본향이자 동시에 “정말 둥근 것이 출발”하는 슬픔의 근원이기도 하다.

또한 「가을밤이 되면」에서 시인은 슬픔의 근원인 달을 묶는데, 묶인 달은 젖고, 젖은 달은 푸른 밤이 된다. 이때 시인이 느끼는 것 역시 쓸쓸함과 슬픔이다. 그러나 시인은 이내 푸른 밤 속으로 들어가 묶어둔 달을 풀어준다. 하지만 묶어둔 달을 풀어준 시인은 달 속에 갇혀 자신의 내면에 자리 잡은 쓸쓸함과 슬픔을 바라본다. 결국 시인이 드러내는 세계는 벗어날 수 없는, 시인의 주변을 배회하고 있는 쓸쓸함과 슬픔의 세계이다.

> 느티나무 집
> 부엌 아궁이에서 불 지피던 아낙이
> 우는 아이 달래러 방에 들어갔군요.
>
> 느티나무 지붕 굴뚝에서
> 긴 손이 포근하게 나오는 걸 보니
>
> 그 손 또 높은 곳으로 올라가
> 아직 태어나지 않은 나라 아이들
> 기저귀까지 갈아주고 있는 걸 보니

이슥고 온 하늘을 메우는
저 향기로운 파우더, 파우더……

예쁜 개울 토닥이다가 아낙도
함께 잠들었군요.

—「개울가 눈 오는 풍경」 전문

시집 『푸른 밤의 여로』는 자연적 서정이 지니는 한계를 일상의 공간을 통해 극복하고 있다. 시인은 일상을 서정의 공간 속에 드러냄으로써 삶의 힘겨운 여정이 조용히, 그러나 단단하게 시 속에 배어나오게 한다. 그리고 푸른 밤의 쓸쓸하고 슬픈 나그넷길을 걸으며, "느티나무 집/부엌 아궁이에서 불 지피던 아낙이/우는 아이 달래러 방에" 들어가는 것처럼 우리 삶의 상처를 어루만지고자 한다. 또한 시인의 손길은 우는 아이의 방안에만 머물지 않고 굴뚝을 통해 포근히 손을 내밀고, 더 높은 곳으로 올라가 "아직 태어나지 않은 나라 아이들/기저귀까지" 갈아준다. 슬픔 속에 배어 있는 따뜻함. 바로 그곳에 이 시집이 지닌 아름다운 미덕이 있다.

제3부

통변(通變), 전통과 탈전통 혹은 계승과 혁신

-오은, 장석원, 김이듬, 손택수의 시-

문학창작의 규범은 이리저리 움직이는 것이어서 고정된 것이 아니니,
나날이 새롭게 시도해야 그것을 성취할 수 있다네.
변화에 능숙해야만 비로소 오랫동안 지탱할 수 있고
전통에 능숙해야만 비로소 모자라지 않게 되네.
시대에 적응하려면 반드시 과단성이 요구되나니
기회를 이용할 때에는 결코 두려워할 필요가 없다네.
당대를 바라보는 눈을 지님으로 새로운 것을 창조하고
고대의 모범을 참조함으로 창작의 방법을 정립하네.[1)]

미래파 논쟁으로 인해 촉발된 '전위'의 문제는 전통과 탈전통을 대립된 두 개의 지점과 같이 만들어 버렸다. 논란은 확대되었고 전통과 탈전통은 대립의 지점에서 서로의 영역에 대해 배타적인 입장을 취해왔다. 그러나 전통과 탈전통은 절대적인 개념이 아니라 상대적인 개념이다. 그렇기 때문에 그와 같은 이분법적 대립 구도는 처음부터 의미 없는 것에 불과할지도 모른다.

처음부터 전통이었던 것이 없는 것처럼 언제까지고 탈전통의 영역에 머무는 것 역시 없다. 전통은 탈전통을 만들고 탈전통은 또다시 전통이 된다. 이와 같이 끊임없이 순환하는 것이 바로 전통과 탈전통의 관계이다. 이 글을 통해 드러내고자 하는 전통과 탈전통의 모습 역시 그것으로부터 크게 벗어나지 않는다. 전통과

---

1) 유협, 「통변(通變)」, 최동호 역편, 『문심조룡(文心雕龍)』, 민음사, 1994, 364쪽.

탈전통이라는 양자는 각각 개별적으로 존재하는 것이지만 끊임없이 상대의 지점을 향해 나아가는 운명을 지니고 있기 때문이다. 전통은 탈전통의 미덕을 간과해서는 안 되며 탈전통은 전통의 미덕을 간과해서는 안 된다. 유협이 『문심조룡』의 「통변」편을 통해 말하고 있는 계승과 혁신 역시 같은 맥락이라 할 수 있다. 이와 같은 양자 간의 적절한 상호보완 작용이야말로 전통과 탈전통의 '통변'을 획득하는 길임에 분명하다.

변(變)의 세계와 통(通)

미래파 논쟁 이후 시단은 어느 정도 진정 국면에 접어든 듯하다. 그렇다고 해서 전위적 기운으로부터 비롯된 시적 경향이 위축된 것은 물론 아니다. 미래파 이후에 등장한 시인들의 작품 역시 미래파의 영역으로부터 자유롭지 못하기 때문이다. 다만 미래파의 전위와는 달리 그들의 전위는 안정적인 어법과 형태라는 측면에서 다소 차이를 드러내고 있다. 파격과 전위의 어법은 잦아들었으며, 여전히 낯설기는 하지만 '피'를 쏟아내던 끔찍함 역시 잦아들었다. 이러한 최근의 시적 경향은 탈전통이 나아가야 할 지점이 어떠해야 하는지에 대해 적절한 방법을 제시해주고 있다.

큰오빠는 팔굽혀펴기를 천구백 개째 하고 있었다 팔을 굽힐 때마다 땀방울 몇 톨이 자랑스럽게 돋아났다 네가 격투기를 하면 세상을 발칵 뒤집어 놓을 거다/그게 돈벌이가 더 돼? 아빠와 엄마는 항상 논쟁을 벌였지만 큰오빠는 근육 하나 꿈쩍하지 않았다. 선반의 트로피

를 바라보며 오직 양질의 고깃덩이가 되는 것만 생각하기로 했다

—오은, 「모던 타임스」(『호텔 타셀의 돼지들』) 부분

비극을 드러내는 오은의 어법은 명랑하지만 외마디 비명을 지르거나 호들갑을 떨지 않으며, 신선하지만 기괴하지 않다. 오은의 시는 미래파의 연장선상에서 바라볼 수도 있지만 동시에 그것과는 다른, 전위의 새로운 가능성을 보여주고 있기도 하다. 오은이 드러내는 탈전통의 어법과 상상력은 체계적인 원관념의 세계를 확보하고 있기 때문에 충분히 합의된(그러나 진부하지는 않은) 도약의 지점을 보여준다. 그렇기 때문에 오은의 시는 전통과 탈전통의 이분법이나 낯선 인지 충격을 통해 우리의 의식 속으로 잠입하는 것이 아니라 보편타당한 전위의 개념을 통해 새로운 정서를 환기시킨다. 시적 새로움과 의미라는 측면에서 보자면 전혀 '다른' 영역을 개척한 것이라기보다는 '다른' 영역의 '새로운' 지점을 발견한 것이다. 결국 얼마나 다르거나 발전적인 지점을 만들어내느냐는 이들의 중요한 고민이자 새로운 지평이 될 것이다.

또한 자의든 타의든 미래파로 분류되었던 시인들의 긍정적인 변화도 감지된다. 장석원의 『태양의 연대기』와 김이듬의 『명랑하라 팜 파탈』이 바로 그것이다.

우암(牛岩)목욕탕으로 갔어요 손가방 하나 들고 당신은 담배를 피우며

맛있게 입맛을 다시며 옷을 벗고 옷을 벗기고 장산곶 마루를 홍얼거리며

수증기 속으로 잠입했어요 시야에서 사라졌어요 거품으로

내 등을 가슴을 허벅지를 닦아주었어요 너무나 깨끗하고 상쾌하고
더욱 달아오르고 나는 숯덩이가 무엇인지 폭발은 왜 일어나는지
알았어요 절정은 오래 가지 않았기에 우린 너무 쉽게 헤어졌어요
당신은 안개였나요? 그렇게 멀리 떠나가 부나비처럼 부서지고 싶었나요?
내 엉덩이의 푸른 반점은 당신의 형해 그날의 나는 지워지지 않았어요
바가지로 물을 쏟아 붓는 당신과 물에 용해되는 나와 물 따라 흘러간 당신
촛농처럼 간지러운 물의 손가락이 나를 훑고 더듬고 맛봐요
사포 같은 수건이 살을 지나요 젖니가 다시 돋아요 나는 쓸렸어요
당신과 나는 입냄새도 비슷해요 세모(細毛)의 구름이 지나가는데
물속에서 당신이 일어서요 물 때문에 당신이 길어져요
철근을 구부러뜨리듯 당신은 나를 휘어지게 해요 숨이 막혀요
너무 뜨거운 탕에는 넣지 마세요 자꾸 빨개지고 융모처럼 부드러워져요
당신은 옷을 입지 않았어요 목덜미에서 물이 흘러내려요
허리가 운천교의 상판 같아요 그날 나는 뚫린 양말처럼 불안했어요
나는 황소의 아들 하초(下草)가 단단해지고 뿔 하나 자라나요
나도 남자가 되었어요 서글픈 그물을 들고 돌아올 당신을 기다려요

—장석원, 「발열」(『태양의 연대기』) 전문

몇 해 만에 기차를 탔습니다. 정하지 않은 목적지로 떠나보긴 참 오랜만이네요. 파파야 나무 숲 속을 걷고 있는데 파랗게 바다가 펼쳐졌습니다. 나는 만돌린을 안고 해변에 누워 있었습니다. 추워서 노란 모래 사자 입 안에 다리를 집어넣고 잠들었습니다.

네 깜빡 잠자는 꿈을 꾼 게지요. 놀라 눈을 떠보니 내 머리는 낯선 사람의 어깨 위에 놓여 있네요. 한 번도 만난 적 없는 사람의 구레나룻에 닿은 머리칼. 누군가 우릴 보면 먼 데 도망하는 연인쯤으로 알겠지요.

—김이듬, 「레일 없는 기차」(『명랑하라 팜 파탈』) 부분

장석원은 미래파로 분류되었던 시인 중에 긍정적인 '변화'를 보여준 대표적인 예이다. 『아나키스트』에서 경험한 낯설고 힘겨운 독서 체험은 『태양의 연대기』에서 유려하고, '충분히' 시각적인 이미지로 바뀌게 된다. 물론 『태양의 연대기』는 여전히 어렵고, 하여 독자들에게 변함없이 적극적인 책읽기의 자세를 요구하고 있지만 소통의 문제와는 별개로 장석원이 드러내는 이미지는 아름다운(미적 아름다움과는 별개의) 감흥을 불러일으킨다.

김이듬의 경우에도 첫 시집 이후에 보여준 세계가 확고한 자신의 영역을 확보하고 있다. 김이듬의 언어가 드러내는 이미지는 여전히 매력적이며 언제나처럼 황홀하다. 그와 함께 김이듬의 언어는 한 치의 오차도 없이 시인이 말하고자 하는 바를 향해 나아간다. 미래파의 시가 때로는 소통되지 못했다는 점에서, 김이듬이 드러내는 이와 같은 방식의 언어와 이미지는 긍정적일 수밖에 없다.

장석원과 김이듬의 시에 공통적으로 드러나는 장점은 지배적인 장면의 제시와 함께 이미지와 언어를 매끄럽게 구사한다는 점이다. 물론 앞서도 언급한 바와 마찬가지로 의미 소통에 있어서 여전히 낯선 부분이 많기는 하지만 이미지와 의미의 관계가 드러내는 원관념과 보조관념의 적절한 거리를 확보하고 있기 때문에 그들의 시는 독자들에게 최소한의 심정적 동의를 얻어낼

수 있다. 그들의 시가 드러내는 원관념과 보조관념의 거리는 낯선 지점으로의 기이하고 불편한 비약이라기보다는 합당한 '전이'를 확보한 비약이다.

또한 이들 시인이 기울이고 있는 리듬에 대한 관심은 '전위'가 적극적으로 수용해야 할 것이 무엇인가를 역설적으로 보여주는 좋은 예이다. 미래파 이후 종종 지적되어 왔던 리듬의 부재는 탈전통을 지향하는 시가 고민해야 하는 중요한 문제이다.

통(通) 안의 변(變)

전위가 자신의 영역을 확장하는 사이에도 전통적 서정의 언어는 자신만의 단단한 공간을 확보하고 여전히 힘을 발휘하고 있다. 그것이 전통적 자연 서정의 범주에 있는 작품이든, 우리 삶의 질박함을 드러내는 작품이든 전통의 영역 안에 들어가는 작품은 우리 시의 근간을 이루는 중요한 부분이 아닐 수 없다.

전통의 범주에 들어가는 시는 언제나처럼 이해 가능한 아름다움과 정서적 울림을 확보하고 있으며 빛나는 직관과 삶에 대한 통찰과 사유의 지점을 확보하고 있다. 그들의 언어는 극도로 정제되어 있고 현란한 이미지의 남발 역시 없다. 그래서 전통은 언제나처럼 아름답고 안온한 시적 울림을 가져다준다. 그리고 극도로 정제된 언어로 이루어진 그러한 작품들은 언어에 대해 당연히 엄격한 태도를 취하기 마련이다. 그러나 완결성 있는 전통의 세계라 할지라도 새로움이 없다면 그것은 더 이상 전통이 아니라 낡고 진부한 과거에 불과한 것이다.

전통과 탈전통이라는 극단은 그것이 마치 처음부터 분리되어 있었던 것처럼 느끼게 한다. 그래서 종종 전통과 새로움을 분리된 것으로 여기기도 하는 것이다. 그러나 전통이 그 안에 갇혀 더 이상 새로울 것이 없을 때, 문학은 고유한 정신을 잃어버리게 된다. 우리에게 의미 있는 전통이란 언제나 남들이 발견하지 못한 부분을 가지고 있어야 한다. 전통의 새로운 지점을 찾아야 한다는 점에서 전통은 일견 탈전통과 유사한 맥락에 놓이기도 한다. 그런 점에서 손택수의 「방심(放心)」이 보여주는 전통과 새로움은 좋은 본보기가 아닐 수 없다.

한낮 대청마루에 누워 앞뒤 문을 열어놓고 있다가, 앞뒤 문으로 나락드락 불어오는 바람에 겨드랑 땀을 식히고 있다가

스읏, 제비 한 마리가,
집을 관통했다

그 하얀 아랫배,
내 낯바닥에
닿을 듯 말 듯,
한순간에,
스쳐지나가버렸다

집이 잠시 어안이 벙벙
그야말로 무방비로
앞뒤로 뻥
뚫려버린 순간,

제비 아랫배처럼 하얗고 서늘한 바람이 사립문을 빠져 나가는 게 보였다 내 몸의 숨구멍이란 숨구멍을 모두 확 열어젖히고

—손택수, 「방심(放心)」(『목련전차』) 전문

통변(通變): 새로운 '낡음'과 '낡은' 새로움

전통은 언제나 존재해 왔고, 새로움은 끊임없이 또 다른 전통이 되었다. 또한 전통이 된 새로움을 벗어나기 위한, 탈전통에 대한 시도 역시 지속될 것이다. 낡은 것도 과거의 언젠가는 새로움이었으며 반대로 새로운 전위 역시 언젠가는 낯익은 것이 될 것이다. 그런 점에서 탈전통은 전통과 같은 의미이기도 하다. 결국 중요한 것은 전통이냐 탈전통이냐가 아니라 새로움의 지점을 어떻게 포착하느냐이다. 다소 맥이 빠지는 말이기는 하지만 문학에 있어서 새로움이란, 전통과 탈전통 모두에게 중요한 것이 아닐 수 없다.

어쩌면 새로움이란 탈전통보다는 전통에 더 필요한 미덕일지도 모른다. 낯익어, 새로울 것이 없는 전통이라면 그것은 더 이상 전통이 아니기 때문이다. 또한 이천 년대 시단을 뜨겁게 달군, 미래파를 위시한 전위의 경우에는 시의 본질에 대한 근본적인 고민을 해야 한다. 결국 중요한 것은 시의 본령을 허물지 않는 것이다. 물론 그들의 도전과 개척정신은 우리 시의 지평을 넓혔으며 그동안 위축되었던 우리 시단을 풍요롭게 만들었다. 그러나 지나친 극단을 향해 나아간 것은 아닌가에 대한 자기 검열이 필요한 시점이다. 이러한 점은 미래파 이후에 등장한 젊은 시인들의 경우에 더욱 철저한 고민이 필요하다. '전위'가 유행처럼

번진 요즘, 그러한 유행의 패턴을 고민 없이 따라갈 여지가 많기 때문이다. 고민 없는 전위의 확대 재생산은 의미 없는 전통에 다름 아니다.

'전통'과 '탈전통'은 대립의 개념이 아니다. 전통과 탈전통이라는 구분이 중요한 것이 아니라 전통과 탈전통 모두가 지녀야 하는 계승과 혁신의 개념이 중요하다. 따라서 전통과 탈전통의 문제는 유협이 『문심조룡(文心雕龍)』의 「통변(通變)」편에서 밝힌 바와 같이 계승과 혁신의 개념으로 바라볼 때 보다 가치 있는 의미가 될 것이다.

설국열차를 타고 떠나는 낯선 세계로의 여행

－조인호의 시 「설국열차」－

「설국열차」를 통해 조인호가 보여주는 지점은 낯선 세계를 향해 떠나는 경이로운 풍경이다. 조인호가 보여주는 경이로운 설국의 풍경은 상상력이 극대화되는 세계라는 점에서 매력을 갖는다. 조인호의 시는 낯선 대상을 삽입함으로써 익숙하지 않은 정황을 만들어낸다. 그러나 이때의 낯선 상상력은 소통이 되지 않는, 시인의 머릿속에만 존재하는 상상의 세계가 아니다. 조인호가 만들어놓은 세계는 우리의 의식 속에 쉽게 형상화될 수 있는 세계이기도 하다. 그의 시가 낯선 풍경을 드러내면서도 동시에 일관된 시적 흐름을 견지하고 있기 때문이다. 바로 그 점 때문에 독자들이 인지하는 조인호 시의 세계는 낯선 것이지만 결코 요령부득의 세계는 아닌 것이다.

낯선 정황의 충돌을 통해 드러내는 영상조립시점의 경우, 우선 문장과 문장 혹은 정황과 정황의 낯선 지점을 충돌시키는 방법을 떠올릴 수 있다. 이때 나타나는 시적 정황은 파괴되고 분절된 정황을 통해 낯선 감각을 형상화한다. 이질적인 문장이나 정황이 충돌을 일으키기 때문에 이러한 영상조립시점의 경우, 매력적인 장면을 제시함에도 불구하고 의미의 소통이 쉽지 않다.

그러나 조인호는 이와 같은 문장과 정황 단위의 충돌보다는, 시어 수준에서의 충돌을 구사한다. 그의 시는 전체적으로 일관된 이야기를 가지고 있으며, 문장과 문장 역시 충분한 연결고리를 지니고 있다. 그러나 조인호의 시 역시 낯선 감각을 보여주곤 하는데, 조인호의 낯선 감각은 하나의 문장 안에 낯선 시어를 배치함으로써 새로운 감각을 제시한다. 조인호가 쓰는 시어는 원래 들어갈 단어와 전혀 다른 의미를 지니고 있으므로 당연히 그가 구사하는 문장은 기존의 질서로부터 벗어난 감각을 재현하게 되는 것이다. 조인호의 이러한 시적 태도는 요령부득인 작품이 득세하는 상황에서 긍정적인 기능을 수반한다.

> 보아라, 사나이는 의식의 흐름 끝에서 붉게 녹슨 거대한 보일러를 만난다
>
> 그 순간,
> 사나이의 의식의 흐름이 증기처럼 뜨거워지고
> 사나이가 강력한 기관처럼 가동되기 시작할 때

조인호가 펼쳐놓은 세계가 낯선 감각을 수반한 것임은 분명하지만 그것은 결코 파편화되어 있지 않다. 다만 위의 구절에서 살펴볼 수 있듯이 "거대한 보일러"와 같은 시어를 삽입함으로써 새로움을 만들어내는 것이다.

이러한 자연스러운 정황의 흐름 속에서 발견할 수 있는 낯선 표현은 조인호가 만들어놓은 거대한 세계와 맞물려 시적 의미를 확장시키기도 한다. 모든 시가 꼭 스케일이 클 필요는 없겠지만 조인호의 시에서처럼 끊임없이 확장되는 시적 배경은 시인의 의식을 확장시킨다는 점에서 긍정적이다. 조인호가 다루고 있는 배경과 대상은 '달, 지구'로부터 '비무장지대, 우라늄, 지평선, 설원, 지상, 국경, 철, 대지, 구소련, 밤, 의식, 눈보라, 증기기관차, 노동' 등에 이르기까지 다채롭다. 조인호는 이러한 확대된 세계를 확보하고 있는 시어를 연계함으로써 시적 세계를 확장시키고 있다. 이렇게 확대된 조인호의 시어는 시적 정황을 의미 있는 것으로 만들고, 세계관을 확대시키기에 이른다. 독자들이 조인호의 시에서 느끼는 삶의 본질은 이런 방식으로 구현되는 것이다.

또한 「설국열차」는 직유와 진술의 사용이 돋보인다. 직유는 시의 중요한 표현 기법이다. 그러나 직유를 잘못 사용했을 때, 시는 진부함으로 전락하기 쉽다. 직유의 경우에 원관념과 보조관념의 관계를 통해 의미를 환기하기 때문이다. 시에 직유를 사용할 때, 원관념과 보조관념의 관계를 지나치게 가깝게 설정하는 경우가 많다. 그러나 조인호는 직유가 내포하고 있는 원관념과 보조관념의 거리를 적절히 유지함으로써 직유를 성공시키고 있다. "우라늄 같은/그의 눈동자", "사나이는 (…중략…) 소리굽쇠처럼 떨고 있었다", "철의 사나이가/대지 위에 누워 구소련처럼 지워지고 있었다" 등의 표현이 대표적이다.

「설국열차」가 보여주는 또 하나의 특징은 진술을 직접 드러낸다는 점이다. 이때 진술은 감각적으로 묘사된 세계와 짝을 이루어 의미를 심화시키는 역할을 한다. 아울러 '의식, 노동, 고독'과 같은 관념적 시어를 거리낌 없이 사용함으로써 의미를 확장함과 동시에 낯선 감각을 제시한다. 조인호는 이러한 관념적 진술어와 한자어, 논리적 언어 등을 이 시에서 적극적으로 사용하고 있다. 조인호의 이러한 의도는 낯선 감각을 제시하기 위한 계산된 표현이다.

조인호의 시가 보여주는 위와 같은 특징은 그가 언어에 대해 얼마나 예민하게 반응하는가를 극명하게 보여주는 대목이다. 아울러 이것은 단순하게 감각화된 언어에만 머물지 않겠다는 시인의 의지인 것이다. 정교하게 구축된 언어와, 그 언어가 그려놓은 조인호 시의 지형도는 그래서 우리에게 유의미한 매혹을 제시할 수 있게 된다.

감각과 익숙함의 극단 그리고 합일

-박성준의 시 「고통의 축제」-

박성준의 시는 감각과 진지함을 동시에 획득하고자 한다. 그의 시는 감각적인 듯 진지하고, 진지한 듯 감각적이다. 그런 점은 이천 년대 이후에 등장한 젊은 시인들의 시에 흔히 나타나는 일련의 특징으로부터 거리를 두고 있다는 점에서 긍정적이다. 감각적인 언어로 무장한 일련의 젊은 시편들은 매혹적이지만 울림을 주지 못하고, 새롭지만 감각 이외의 것을 갖지 못한 경우도 적지 않다. 박성준의 시편들은 이와 같은 양 극단의 합일을 향해 복무하고 있다. 그래서 그의 시는 감각적이면서 동시에 익숙한 풍광을 제시한다. 박성준의 시는 감각과 익숙함이 조화를 이룰 때 빛을 발한다. 그러나 그것이 합일된 지점을 잃어버렸을 때 그의 시가 지니는 매력은 반감된다.

박성준의 「초대장」과 「돼지표 본드」는 박성준이 보여주고 있는 감각과 익숙함의 양극단을 보여주는 대표적인 경우이다. 「초대장」의 경우는 감각화된 정황의 조립을 통해 낯선 풍광을 제시함으로써 새로운 감각을 환기한다. 그러나 낯선 정황의 조립이 합당한 접점을 찾지 못했을 때, 이와 같이 조립된 정황은 매력적이지만 시가 가지는 울림의 진폭을 확보하지 못하거나 시적 의미의 확보에 실패를 하게 된다.

「돼지표 본드」는 새롭다기보다는 익숙한 정서와 정황을 보여준다. 이 시는 안정적인 구조를 보여주고 있고, 의미의 확보에도 성공하고 있지만 그것의 구조와 의미가 낯익은 정서를 유발한다는 점은 아쉽다. 「초대장」과 「돼지표 본드」의 경우가 양극단의 지점에서 아쉬움을 전달한다면 「샴!」의 경우는 새로움의 감각과 의미가 조화롭게 드러난 경우이다.

결국 박성준이 가야 할 곳은 당연히 「샴!」에서와 같이 감각과 의미가 조화를 이루는 지점이다. 「샴!」에서 보여주는 박성준의 시적 능력은 매우 뛰어난 것이다. 샴쌍둥이를 통해 보여주고자 한 의도는 출발부터 성공적이었는데, 단순히 소재의 선택이 잘 된 것이 아니라 선택된 소재와 시인의 의도, 그리고 그것이 만들어낸 세계가 조화를 이루고 있다. 「샴!」은 전달하고자 하는 메시지가 언어의 감각을 무디게 하지 않을 뿐만 아니라 의미를 감싸 안고 있는 언어의 감각을 극대화함으로써, 시에 입체감을 부여한다. 이때 언어의 감각을 수용하고 있는 의미는 감각화된 의미를 전달하고, 의미를 함의하고 있는 언어는 의미 있는 감각을 형상화한다.

「고통의 축제」는 시 쓰기에 대한 박성준의 고민과 노력이 보였다는 점에서 긍정적이면서 동시에 아쉬움을 남기는 작품이다. 물론 이때의 아쉬움은 긍정의 이면에 놓인 사소한 것에 불과하다.

시인이 포착하고자 했던, 누이의 신병 너머에 있는 고통의 실체를 정확하게 알 수는 없다. 하지만 그것이 고통이라는 점과 고통의 '축제'라는 점에서 시인의 의도가 보여주는 시적 의미는 중량감을 느끼기에 충분하다. 아울러 고통과 누이로부터 비롯된 정황이 '귀신, 신당, 향불, 할애비'로 전이되는 과정 역시 긴장감을 잃지 않고 의미를 확장시켰다는 점에서 매력적이다. 그것들은 '충분히' 연상될 수 있는 것이라는 점에서 소통이라는 긍정을 수반하게 되고, 그것들을 중심으로 만들어진 정황이 낯선 모습을 재현한다는 점에서 새로움의 미덕을 전달한다.

「고통의 축제」에 나타난 고통의 모습이 결코 무겁지 않게 표현된다는 점은 긍정적이다. 하지만 군데군데 나타난 말장난이 얼마나 효과적인지는 재고의 여지가 있다. 말장난이나 유머가 지니는 의도가 의미가 되기 위해서는 의도적으로 계산된 지점에 위치하여야 한다. 물론 「고통의 축제」에 나타난 의도가 제대로 조직되지 못했다는 것은 아니다. 다만 박성준이 만들어놓은 세계와의 조화로움이 어색하다는 것이다. 유머나 위트, 조롱, 야유의 어조가 성공을 거두려면 그것들이 의도했던 바를 느낄 수 있도록 해야 한다. 즉, 그것이 의도된 것이라는 점을 보여줌으로써 시적 의미를 효과적으로 전달해야 한다.

「고통의 축제」는 그것이 보여주는 세계가 매력적임에도 불구하고 다소 어색하게 느껴지는데, 그 이유는 어울리지 않는 두 개의 발성이 하나의 시 안에 공존하기 때문이다. 고통을 노래하는 성인의 어조와 장난스러운 아이의 어조가 결합하여 낯설게 하기를 드러내기보다는 이물감을 전달하고 있다. 이때 문제가 되는 것은 아이의 발성이다. 박성준의 시는 가능성과 매력에도 불구하고 성숙하지 않은 화자가 드러날 때나 낡은 정서가 재현될 때 매력이 반감되고는 한다. 어떤 구절에 이르러서는 그 표현이 꼭 들어가야 하는지에 대한 의문이 드는 것도 사실이다. 장난스럽게 다가오는 구절들이 그러하다. 장난스러움은 그것의 의도가 계산되지 않았을 때 문제를 발생시키기 마련이다.

최근 여러 시인들에 의해 성장기를 다루고 있는 시들이 발표되고 있다. 성장기에 대한 시의 경우에, 다루고 있는 세계는 미성숙한 성장기의 세계이지만 그것을 말하는 화자는 성장기의 외부에 있는 존재인 경우가 많다. 화자가 미성숙한 성장기의 소년과 소녀 자신일 지라도 그들을 다루는 시인의 태도는 객관적 거리를 유지하고 있다.

「고통의 축제」에는 고통이 있고, 고통으로 가득한 세계는 고통의 축제를 벌이고 있는 중이다. '고통'의 '축제'를 버무리는 박성준의 「고통의 축제」는 분명 문장을 이끌고 가는 힘과 시적 정황을 구성하는 능력이 돋보이는 시이다. 그의 시가 보여주고 있는 새로움의 가능성에 기대가 많기에 필자의 아쉬움과 기대치는 더욱 클 수밖에 없다.

「고통의 축제」는 분명 전체적으로 잘 읽히고 매력적인 정황으로 구성되어 있는 시이다. 하지만 그러한 매력적인 정황과 정황 사이에 나타나는 낡은 정서는 지양해야 할 것이다. 만들어진 감각과 버리지 못한 낡은 정서가 충돌을 한다면, 만들어진 감각을 선택해야 한다. 그것은 박성준의 다른 작품에도 해당되는 사항이다. 박성준은 아직 젊은 나이지만 오랜 기간 시를 써온 시인이다. 그러나 박성준의 경우는 오히려 예전에 써왔던 시적 감각과 결별을 하는 것이 좋을 듯싶다. 또한 박성준의 시가 성장기와 같은 정황을 당분간 유보한다면 어떨까라는 생각도 해본다. 과거와 단절되는 것이 앞으로 갈 길이 더 많이 남은 시인에게 긍정적인 요소로 작용할 수도 있기 때문이다. 그의 등단작인 「샴!」과 같은, 정황의 감각과 의미의 깊이를 모두 아우르는 세계가 활짝 열리기를 기대한다.

전이의 낯선 지점

—장석원의 시 「발열」—

왜 발열일까? 수증기 속으로 잠입한 당신과 나는 누구이고 바가지로 물을 붓는 당신과 물에 용해되는 나 그리고 물 따라 흘러간 당신은 과연 누구일까? 장석원의 「발열」은 우암(牛岩)목욕탕이라는 공간적 배경 속에 숨겨진 나와 당신에 대한 궁금증을 불러일으킨다. 시가 드러내고자 하는 지점에 이르렀다고 독자들이 생각하는 순간, 시인의 상상력은 전혀 다른 지점으로 나아가고 독자들은 그곳에서 「발열」의 새롭고 낯선 지점과 조우하게 된다.

「발열」에 드러나는 상황과 소재는 일반적이지만 그것은 결코 일반적이고 평이한 의미의 전이가 이루어지는 세계가 아니다. 장석원이 사용하고 있는 상황은 새롭고 낯선 지점의 세계를 향해 나아간다. 그것은 수직적인 의미의 확장을 통해 드러나는, 평범한 의미의 변화가 아니라 수평적인, 전혀 다른 대상으로의 전이를 통해 이루어진다. 그리하여 장석원의 「발열」은 익숙하지만 낯설고, 평범한 듯 하지만 새로운 세계를 만들어낸다. 또한 이와 같은 새로움의 세계는 단순히 배경이나 소재의 변화나 낯선 이미지의 충돌을 통해 의미를 형성하는 것이 아니라 주체와 대상의 끊임없는 변이를 통해 드러나는데 바로 여기에 「발열」이 지니고 있는 새로움이 있는 것이다. 따라서 「발열」은 배경이나 소재의 변화가 주제를 형성하는데 주된 작용을 한다기보다 시적 주체와 대상의 변이가 주제를 드러내는 중요한 역할을 수행하게 된다. 「발열」이 지향하는 변화는 주체의 끊임없는 변이에 있다고 볼 수 있다. 이를테면 A라는 주체는 곧 B라는 형태로 그 모습이 바뀌게 되며 그것은 다시 C 혹은 D의 모습으로 바뀌게 된다. 당연히 이때의 A는 B와 다른 모습을 지니고 있는 것이며 B는 C와, C는 D와 다른 것으로 드러난다. 이처럼 단순히 낯선 이미지의 충돌을 통해 세계를 드러내지 않고 시적 주체라고 하는, 좀 더 본질에 가까운 것의 변이를 통해 드러나는 장석원의 시는 그래서 낯설고 새롭게 개성적인 세계를 만들어낸다.

우리는 시의 첫 부분에서 "손가방 하나 들고" "담배를 피우며 맛있게 입맛을 다시며 옷을 벗고 옷을 벗기고 장산곶 마루를 흥얼거리며 수증기 속으로 잠입하는" 당신을 만나게 된다. 이때 우리가 떠올리는 당신의 모습은 분명히 구체적인 것이다. 그것은 "거품으로 내 등을 가슴을 허벅지를 닦아"준다. 여기까지의 당신의 모습은 충분히 예측 가능한 것이다. 그러나 이와 같은 나는 "너무나 깨끗하고 상쾌하고 더욱 달아오르고" "쇳덩이가 무엇인지 폭발은 왜 일어나는지" 알게 되고 당신과 "너무 쉽게 헤어"지는 낯선 지점으로 이동하게 된다. 그리고 또다시 "내 엉덩이의 푸른 반점은 당신의 형해"가 되어 당신과 나는 이내 하나가 되며, "바가지로 물을 쏟아 붓는" 당신과 "물에 용해되는" 나를 드러낸

후에 다시 당신은 "물 따라 흘러"가게 된다. 이처럼 「발열」에 등장하는 시적 주체는 낯익은 존재이지만 그 관계는 낯선 것이다. 그래서 당신이 갑자기 물속에서 일어나고 물 때문에 길어지고 나라는 존재가 휘어지게 되며 결국 나는 "하초(下草)가 단단해지고 뿔 하나" 자라난 황소의 아들이 되고 남자가 된다. 나와 하나가 되었던 당신은 어느 새 내 곁에 없는 존재가 되어 나는 "서글픈 그물을 들고 돌아올 당신을" 기다린다.

나라는 주체와 당신이라는 대상.

끊임없이 변하는 모습의 그들은 자신 안에 감춰진 또 다른 자아를 발견하고 타자와의 합일을 꿈꾸는 존재들이다. 그래서 나와 당신은 자기 자신이기도 하면서 동시에 자신이 아니기도 한 존재들이다. 장석원이 「발열」을 통해 발견하고자 하는 세상은 따라서 끊임없이 외부로 향하는, 내부를 극복하려는 지점이다. 이때 당신은 하나의 지향점이 되기도 하지만 그것은 이미 나 자신이기도 한 것이다. 나이기도 하고 당신이기도 한, 수없이 많은 '나와 당신'. 「발열」은 수없이 많은 나와 당신의 수많은 지점을 보여줌으로써 우리 안에 내재된 또 다른 나를 만나게 한다. 하여, "입냄새도 비슷"한 '당신'은 곧 '나' 자신으로 동일시되는 것이다.

'모던 타임스' 혹은 팔굽혀펴기의 세상

-오은의 시 「모던 타임스」-

자, 이곳에 한 가족이 있다. 할머니와 아빠와 엄마 그리고 큰오빠와 작은오빠. 마지막으로 오빠들의 여동생이자 아빠 엄마의 딸인 내가 있다. 큰오빠는 팔굽혀펴기를 하고 있고 아빠와 엄마는 논쟁중이며 할머니는 하루에 열 끼를 먹어치우는 왕성한 식욕으로 통닭을 먹고 있다. 그럼 나와 작은 오빠는? 나는 그런 그들을 물끄러미 지켜보고 있으며 작은 오빠는 미도리나 제인 혹은 교과서의 철수처럼 잊혀진, 그런 존재이다. 「모던 타임스」에서 시인이 펼쳐 놓은 가족은 드라마 속의 행복한 가정처럼 완벽한 구성원으로 짜여 있다. 할머니와 아빠 엄마 그리고 두 명의 오빠와 여동생으로 이루어진 가족의 모습은 완벽하게 세팅된 레스토랑의 식기처럼 보기만 해도 기분이 좋아지는 그런 구성이다.

하지만 완벽하게 세팅된 구성원들을 살펴보면 그들의 관계가 정상적인 가족과는 달리 서로 분리된 세계 안에 담겨 있음을 눈치 챌 수 있다. 물론 물리적인 공간에서의 그들은 하나의 공간에 존재하지만 그 안에서 그들 가족은 각자의 영역을 긋고 자신만의 일에 골몰하고 있는 것이다. 그래서 큰오빠는 아빠와 엄마가 논쟁을 벌였지만 "근육 하나 꿈쩍하지 않"고 "오직 양질의 고깃덩이가 되는 것만 생각하"며 할머니는 "사람들의 이름을 자꾸만 잊어버리"고, 통닭을 먹는 할머니를 보고 엄마는 "이제 가실 때가" 된 거라며 "샹들리에를 가리키며" 말할 뿐이다.

시인은 이 시를 통해 식욕과 단절 그리고 익명 속에 드러나는 무의미한 우리 삶의 비극적 일상을 보여주고 있다. 시인이 보여주는 일상의 모습은 끔찍한 핏빛이 난무하거나 소리 높여 고함을 지르는 풍경이 아니다. 이 시의 인물들은 그저 묵묵히 팔굽혀펴기를 하고 통닭을 먹고 방으로 들어가 눈을 감을 뿐이다. 심지어 아빠가 뜯어준 가슴살을 개처럼 씹어 먹는 큰오빠의 모습조차 건조한 느낌과 함께 정적인 분위기를 자아낸다. 시인은 무의미한 일상의 비극과 의미 없음을 소리 높여 말하지 않고 차분하고 건조하게 드러내고 있다.

큰오빠의 팔굽혀펴기는 사실 한 개든 이천 개든 아무런 의미가 없는 것이다. 그에게는 그저 팔을 굽히고 펴는 무의미한 동작과 양질의 고깃덩이로 변하는 자신의 육체만이 의미가 있을 뿐이다. 큰오빠라는 인물과 그의 팔굽혀펴기는 시인이 이 시를 통해 드러내고자 하는 세계를 관통하는 중요한 부분이다. 무의미한 팔굽혀펴기를 하는 큰오빠는 양질의 고깃덩이만을 생각하는, 정신이 무화되고 육체와 그것의 세속적 욕망만 남은 바로 우리들의 모습이기 때문이다. 그래서 그의 팔굽혀펴기는 어떠한 상황에서도 결코 "그만둘 수 없"는 행위인 것이다.

하루에 열 끼를 먹는 할머니는 세상의 모든 것을, 심지어는 손자의 이름까지 잊어버렸지만 식욕만은 왕성하게 남아 있는 인물이다. 식욕 이외에 그녀에게 의미 있는 것은 없으며 그녀에게 지금껏 유효한 감각은 미각뿐인 것처럼 보인다. 끊임없이 먹는 모습은 욕망에 다름 아니며 그와 같은 욕망의 무의미한 반복은 무의미한 것을 유의미한 것처럼 받아들이는 왜곡된 삶의 본질과 관련된 문제이다.

이들 식구는 "샹들리에가 위태롭게 껌벅"이지만 그것에 대해 어떠한 위기도 느끼지 못한 채 "모두들 그저 자기 자신이 눈을 감았다 뜬 것이라고 생각"한다. 그들의 집을 비추는 샹들리에가 위태롭게 껌벅이지만 그들 가족은 그것의 껌벅거림을 감지하지 못한다. 그것은 그들의 현실 속 위태로움이 실재하는 것이지만 동시에 실재하지 않는 것을 의미한다.

「모던 타임스」에 등장하는 가족의 모습을 통해 우리는 바로 우리 자신의 모습을 발견하게 된다. 무의미한 팔굽혀펴기나 멈출 수 없는 식욕과도 같은 삶을 사는 것이 바로 우리이기 때문이다. 시인의 시선은 이제 마감뉴스로 옮겨간다. 마감뉴스에 "미도리의 실종이나 제인의 망명, 철수의 죽음" 따위는 당연히 등장하지 않는다. 그리고 아무도 그들에 대해 신경 쓰지 않는다. 그들에게 미도리나 제인 그리고 철수는 "에너지 보충"을 위해 잠을 자는 것보다 결코 중요할 수가 없다. 그래서 할머니가 "이제는 교과서에도 실리지 않는 작은오빠의 이름"인 철수를 "떠올리려는 찰라, 화이트 노이즈가 모두의 머릿속을 하얗게 어지럽게" 만드는 것이다. 결국 그들의 머릿속에서는 철수마저 사라지고 만다. 그들에게 과거의 기억이나 미래의 설계 따위는 필요가 없다. 그들에게는 오늘만이 존재하고 중요할 뿐이다. 따라서 그들에게 "내일의 날씨" 따위가 중요할리 없는 것이다. 내일의 날씨는 내일의 날씨일 뿐이다.

큰오빠는 여전히 팔굽혀펴기를 하고 있다. 그는 "굽히지 않으면 아무것도 펴지지 않는다는 사실만 오직 생각하기로" 한다. 무섭게 반복되는 지루한 일상임에도 불구하고 그는 계속해서 팔굽혀펴기를 한다. 그들은 지루하고 무의미한 반복으로 이루어진 현대의 삶이 주는 공포가 멀리 있는 존재라고 생각한다. 그렇기 때문에 그러한 끔찍한 공포의 한가운데 있으면서도 큰오빠는 끊임없이 팔굽혀펴기를 하는 것이며 아빠와 엄마는 "하품을 하며 안방으로 들어가"는 것이다. 그리고 설령 자신도 모르는 사이에 "방전된 에너자이저 하나가 툭 떨어"진다 하여도 그것은 내일의 일일 뿐, 오늘의 일은 아니다. '모던 타임스'는 즉흥적이고 실재하는 오늘의 욕망에 다름 아니기 때문에 오늘이라는 현재만이 의미가 있을 뿐이다. 그래서 시인은 "내일은 내일의 태양이 떠오르겠지?"라고 말한다. 물론 거기에는 다음과 같은 한 가지 전제 조건이 붙지만 말이다.

"비가 오지 않는다면"

구름의 공장과 눈물과 인연

-윤석정의 시 「구름공장공원」-

눈물을 만드는 공장에는 나와 당신과 우리가 있다. 그리고 그곳에서 우리는 나와 당신과 우리의 인연을 떠올리며 눈물짓는다. 우리의 인연은 순간이며 인연을 둘러싼 곳에서 바람이 불어오기도 한다. 바람은 우리의 인연과 삼백육십오 일 타오르는 화(火)를 향해 불어온다. 신들의 공장과 공원으로서의 삶이 구름, 그곳에 있다. 신들은 그리고 나와 당신과 우리는, 아파도 눈물을 흘린 적이 없다. 공장과 한 몸이 된, 성실한 공원으로 산다는 것은 얼마나 끔찍한 적막이던가.

윤석정 시인이 만들어낸 「구름공장공원」은 구름 위의 공간을 통해 순간이 만들어내는 인연과 아픔과 눈물의 삶에 대해 말하고 있다. 평화롭고 고요한 구름의 공장은 그러나 눈물을 만드는 공간이다. 또한 성실하거나 눈물을 흘리지 않고 산다는 것 역시 아련한 아픔을 만들어내는 것이다.

눈물이라는 것을 만드는 데는 정제된 증기가 필요하다고 시인은 말하고 있다. 눈물이라는 상처가 정제된 것에서 비롯된다는 역설. 이것이 주는 아득한 울림은 우리에게 증기처럼 피어오르는 아련한 감동이 된다. 눈물을, 혹은 상처를, 그것도 아니라면 인연이라는 그리움을 떠올리는 시인의 시선은 그래서 잡히지 않는 구름의 세계처럼 아득하지만 이것은 지상에서 겪는 우리 삶의 현실을 바라보는 것에 다름 아니다.

우리의 삶에 다름 아닌 구름. 그렇기 때문에 구름이라는 공간에는 눈물만 있는 것이 아니라 삼백육십오 일 타오르는 화(火)가 있다. 시인은 구름이라는 공간을 통해 우리 삶의 모든 허망한 대상과 감정의 편린을 펼쳐 놓아 구름에서의 삶이야말로 우리 삶의 본질이라고 말하고 있다. 지상에 발을 딛지 않고 구름 위에 떠 있는 삶. 어쩌면 그것이 우리가 살고 있는 세계의 진실인지도 모른다.

그래서 구름처럼 허망한 우리 삶의 부지가 확장되지만 우리들은 그곳에서 결코 주인이 되지 못한다. 우리의 삶은 영원히 공원으로서의 삶이다. 그것도 주체적인 존재로서의 공원이 아니라 성실하기만한(!) 공원으로서의 삶을 살고 있는 것이다. 구름 위에서 살면서 눈물을 흘리고, 그곳에서의 화(火)에 가슴 아파하지만 결국 우리는 성실한 공원으로 구름의 세계를 살아낼 뿐이다. 구름에서 성실한 공원으로 사는 것. 어쩌면 그것은 현실에 발 담그고 있는 우리의 모습에 다름 아닌 것이다.

그러한 삶이 우리의 현실일지라도 공장과 자신을 한 몸으로 만든다는 것은 얼마나 커다란 비극이던가. 비극은 여기에서 그치지 않는다. 더 큰 비극은, 우리가 성실한 공원으로 사는 것의 비극을 모른다는 것이다. 그리고 우리는 공장에서 버린 폐수와 눈물을 헷갈려 한다. 어쩌면 구름의 공간에서 성실한 공원으로 사는 우리의 삶은 바로 폐수의 삶일지도 모른다. 시인은 구름의 공장을 통해 우리가 딛고 있는 허방의 세계를 드러내고 있다. 그리고 시인은 그러한 허방의 세계에 깊은 연민의 시선을 보내고 있다. 공원들이 파업을 했던 적이 없음을 깨닫는 시인은 자신의 가슴을 가져가 버린 인연의 슬픈 지점을 우리에게 보여주고 있는 것이다.

성장의 이야기를 들려줘

−곽은영의 시 「캣치볼을 하는 밤」−

사내와 소년이 있고 소년과 사내의 사이를 왔다 갔다 하는 야구공이 있다. 그리고 그 둘 사이를 비추는 달이 있다. 사내와 소년은 서로 마주보며 캣치볼을 하고 있는데 아마도 소년은 사내가 되고 싶을 것이고 사내는 "소년의 그림자를 달고" 싶을 것이다. 그들은 서로 다른 지점에 있는 존재들이지만 결국 하나의 존재에 다름 아닌 것이기도 하다.

지금 소년은 성장의 이야기를 우리에게 들려주고 있다. 사내와 소년의 사이를 오가는 야구공을 통해 시인은 달과 달빛을 바라본다. 이때 달빛은 꽃이 피고 지는 것을 어루만지며 소년의 성장을 바라본다. 꽃이 피고 지고, 손톱만한 잎이 자라고 그 잎이 매달린 가지는 더욱 튼튼해져서 가지 사이로 소년의 작은 거처인 둥지가 생긴다.

성장의 이야기는 아름다우며 흥미진진하다. 독자들은 소년의 성장을 지켜보며 점점 소년의 성장 속으로 빠져들게 된다. 물론 소년의 성장이 아름다운 것만으로 가득한 것은 아니다. 소년의 성장에도 예외 없이 고통이 따라오는데 곽은영 시인이 만들어 놓은 고통으로서의 성장의 공간은 강이다. 비가 내리는 소년의 삶은 건너기 힘든 강을 만나고 소년의 삶인 발자국은 앙금처럼 가라앉게 되는 것이다. 하지만 소년이 건너야 하는 강은 건널 수 없는 강이 아니라 "건너기 힘든 강"일 뿐이다. 시인이 만들어 놓은 소년의 성장은 그래서 힘겹지만 아름다운 것으로 남게 된다.

강을 건넌 소년은 아마도 조금은 더 성숙해졌을 것이다. 그러한 성숙이 소년의 세계를 확장시키는 역할을 했음은 자명한 사실이다. 바로 이 지점에서 두 개의 달이 나온다. "철컥철컥 글러브에서 글러브로 왔다갔다 하는 달"과 "글러브를 나와 지붕에서 지붕으로 건너가는 달"이 그것이다. 소년의 달은 사내와 소년의 글러브를 왔다 갔다 하는 것에서 벗어나 더욱 확장된 지붕의 공간으로 나아가게 된다. 이때 지붕은 달빛을 온전히 받을 수 있는 공간이기 때문에 소년의 달은 더욱 커다란 달이 될 수 있는 것이다.

곽은영 시인은 바로 이와 같은 달의 확장을 통해 성장의 이야기를 풀어나간다. 시인은 야구공에서 달을 바라보고 있으며 글러브 속의 달에서 지붕 위의 달을 떠올리고 있다. 이러한 성장과 확장의 세계는 새로운 세계를 펼쳐 보이기도 한다. 확장된 달의 세계는 하늘을 건너와 "새로 태어난 소년"이라는 대상을 만들어내기도 한다. 결국 달의 세계는 소년의 성장이기도 하지만 사내가 된 소년이 회귀하고자 하는 세계를 만들어주는 존재이기도 하다. 시인은 소년의 세계가 성장하고 확장되는 것과 함께 소년의 세계로 돌아오려고 하는 열망을 드러내기도 한다. 그래서 사내는

"소년의 자리"에 "소년의 그림자를 달고" 서 있는 것이다.

"철컥철컥 달과 함께 캣치볼을 하는 밤"

그 밤에 사내가 된 소년의 이야기가 있고 소년이 된 사내의 이야기가 있다. 성장과 회귀의 우리 삶이 쌓이는 밤. 바로 그것이 "캣치볼을 하는 밤"이다.

'무저갱'과 '연꽃'의 합일

-배한봉의 시 「무저갱 속의 연꽃」-

생태의 문제는 우리 문학의 지속적인 관심의 대상이 되어왔다. 급속한 산업화로 인해 우리 삶의 거처는 황폐해질 대로 황폐해졌고 그러한 공간 속에서 우리는 불행한 삶의 국면과 맞닥뜨리게 되었다. 산업화에 대한 비관적 인식이든 생태의 본질에 대한 것이든, 그것이 드러내는 작품 속의 모습은 비극적 인식으로부터 비롯되는 경우가 많았다. 자연의 아름다움을 노래하기에 현대 문명사회의 현실은 너무나 척박하고 고통스러운 것이 사실이다.

배한봉 시인이 바라본 태안의 풍경은 그러한 비극의 극단이 어떤 결과를 초래하는지 잘 보여주는 사례이다. 태안 유조선 기름 유출 사고가 난지 수개월이 흘렀지만 아직도 태안의 상처는 끝나지 않았다. 태안에서의 삶은 인간의 터전은 물론이고 그곳의 오랜 주인이었던 다른 생명체의 터전까지 송두리째 앗아가 버렸다. 이제 더 이상 태안에 부는 바람은 시원하고 상쾌한 바람이 아니라 “뱀처럼 쉭쉭거리는” 음험하고 불온한 바람이다. 시의 제목에서 말하고 있듯, 음험하고 불온한 바람이 부는 그곳은 바로 ‘무저갱’의 세계에 다름 아니다. 그렇기 때문에 가마우지는 “타르에 범벅된 전신을 무겁게 자갈밭에 눕”히고 “뻑뻑해진 둥근 눈알”과 “달을 향해 날아오르려 꺽꺽거리던 울음이 추락하”는 비극적인 최후를 맞이하게 되는 것이다.

광물성을 품은, “뱀처럼 쉭쉭거리는” 바람은 죽어가는 가마우지의 “목숨을 우롱하듯 휙 지나간다”. 바람이 목숨을 버리고 무심히 지나가는 모습은 얼마나 비극적인가. 그동안 우리가 떠올렸던 바람은 최소한 죽음을 우롱하며 지나가는 존재는 아니었다. 그것이 미풍이든 폭풍이든 혹은 생명이든 죽음이든, 바람은 긍정과 부정의 세계 양쪽에서 우리 삶의 한 국면을 관통하는 존재였다. 그런데 시인이 바라본 태안의 바람은 더 이상 우리 삶의 국면을 관통하지 않는 존재로 등장한다.

바람은 해변에 “독한 기름 냄새”를 풀어놓고 개들은 기름에 찌든 비극적 “밤의 귀청을 한 겹씩 물어뜯어낸다”. 그래, 개들이 짖는다. 개, 혹은 우리들은 본능적으로 기름 냄새가 가져다주는 비극을 감지하고 고통스러운 삶의 귀퉁이를 물어뜯지 않고는 배기지 못한다. 아, 송두리째 잃어버린 삶의 터전이여!

기름의 공포는 도처에 널려 있다. 그것은 바다뿐만이 아니라 해안선에도 밥집에도 존재한다. 기름의 상처는 그렇듯 생활의 터전만 빼앗은 것이 아니라 우리 삶을 송두리째 빼앗아버린 것이다. 시인이 앉아 있는 밥집 옆에도 기름포 통이 쌓여 있다. 시인은 밥을 꾸역꾸역 먹으면서도 눈앞에 펼쳐진 비극의 현장을 맞닥뜨려야 하는 것이다. 이처럼 비극은 우리 곁에 가까이 다가와 있다. 밥을 먹으며 시인이 할 수 있는 일은 아무 것도 없을지 모른다. 아니, 애당초 우리 인간의 힘으로 상처받은 태안의 바다를 다시 살릴 수 있는 것은 불가능 할지도 모른다. 그래서 시인은 "기력 잃은 파도 소리와 그 사연 다 받아 적느라 허리 휜 해안선"을 불러 함께 늦은 저녁을 먹는다. 그들의 이야기를 들어주고 자신의 마음속에 파도와 해안선을 불러내어 함께 늦은 저녁을 먹는 것. 어쩌면 그것은 우리가 할 수 있는 최소한의 일임과 동시에 최선의 일일지도 모른다.

시인의 눈에 비친 태안은 당연히 비극적이다. 그래서 잠은 꿈을 지니고 있지 못하며 "익사한 꿈을 찾으러 온 사람들"조차 '검은' 새가 되어 바다를 떠돌고 있는 것이다. 광물질에 젖어 있는 우리들의 삶. 태안에 유출된 기름이 아니더라도 우리 삶은 이미 기름때에 찌든 비극적인 삶이다. 광물질 맛에 길들여진 우리의 삶은 광물질 욕망을 찾아 얼마나 헤맸던가! 우리에게 광물질에 젖지 않은 삶의 모습이 남아 있기는 한 것일까? 어쩌면 우리의 삶에는 더 이상의 생명력 넘치는 모습이 남아 있지 않을 지도 모른다. 하지만 이러한 비극 속에서도 시인은 긍정과 애정의 눈길을 거두지 않고 있다.

시인은 이 세계가 '무저갱'의 세계일지라도 그 안에서 발견할 수 있는 일말의 희망을 버리지 않는다. 그래서 그는 "말이 없는 입"으로나마 "끊임없이 그들의 꿈의 이름을 다정하게" 불러주고 "익사한 꿈의 눈이 검은 비늘을 흰 달빛에 씻으며 높이 솟구치"는 모습을 발견한다. 바로 이 지점에서 이 시는 새로운 출발을 한다. 그것이 바로 "무저갱 속의 연꽃"인 것이다.

비극적인 '무저갱' 속에서도 시인은 무한한 생명의 힘을 발견하고 그것의 긍정적인 힘을 믿는다. 그 믿음이 있기에 "독칼바람 아무리 차갑게 난도질해도" 아침은 결국 오고야 만다. 그리고 그

아침의 어느 지점에 피는 꽃을 발견한다. 또한 시인은 자연과 인간의 합일을 꿈꾼다. 자연과 하나가 된 것은 시인만이 아니라 "하양 파랑 비닐옷을 입은" 우리 모두이다. 태안의 비극은 인간이 만들어낸 것이지만 결국 인간 역시 자연의 일부분이고 자연과 하나라는 지점에 이르게 된 것이다. 그래서 그곳에 간 "하양 파랑 비닐옷을 입은" 사람들은 '무저갱'을 만든 존재이면서 동시에 그것을 극복할 수 있는 '연꽃'이 된다.

자, 이제 시인의 눈은 '무저갱' 속의 '연꽃'이라는 확대된 공간에서 다시 "예순일곱 살 솔이 할머니"의 곁으로 돌아온다. 솔이 할머니는 인간이면서 동시에 자연인 그런 존재이다. 솔이 할머니의 삶은 바다를 터전으로 삼고 있는 다른 생명체와 다르지 않다. 그래서 그녀는 인간이면서 동시에 자연이다. 시인은 솔이 할머니를 통해 자연과 인간의 합일을 꿈꾸는 동시에 '무저갱' 속에 핀 '연꽃'의 희망을 보고 있는 것이다.

아버지의 부재와 상처의 뒤란

-박후기의 시 「뒤란의 봄」-

1977년 발사된 보이저2호는 27년째 우주를 비행중이다. 아득한 우주를 지나며 보이저2호는 얼마나 막막한 외로움을 느껴야 했을까? 어쩌면 보이저2호의 외로운 비행을 지탱해준 것은 태양의 중력이었을지도 모른다. 이제 보이저2호는 태양의 중력으로부터 벗어나 더 깊은 우주의 어둠 속을 지나고 있을 것이다.

단말마의 빗줄기처럼
미군부대 격납고 지붕 위에서
땅 위로 내리꽂힌 아버지가
멀어져 가는 보이저2호와
나 사이의 거리만큼이나
아득하게 느껴질 무렵,

시인은 캄캄한 우주의 공간을 빌어 아버지의 죽음을 떠올리고 있다. 시인에게 우주의 깊은 어둠은 미군부대 격납고에서 추락사한 아버지의 슬픈 눈망울이다. 녹슨 삽 한 자루로 남은 아버지의 부재로 인해, 이제 힘센 것이라고는 하나도 남지 않은 집의 뒤란에서 시인은 상처받은 것들을 어루만지고 있다. 박후기 시의 미덕은 바로 이와 같은, 상처에 대한 연민을 통해 재현된다. 때로는 그것이 감상적 인식과 혼재되어 나타나는 경우가 있기는 하지만 박후기의 시는 삶의 지난함에 대해 진지한 고민을 던진다.

그 겨울의 뒤란에는
버려진 것들이 군락을 이루며
추억의 힘으로 자생하고 있었으니,
뒤란은
낡거나 상처받은 것들의
아늑한 정원이었다

박후기가 호명한 뒤란은 "낡거나 상처받은 것들"의 남루함으로 가득한 공간이다. 그와 같은 공간은 상처로 가득한 것이지만 박후기의 시선은 그러한 상처에 대해 분노하지 않는다. 그는 비애와 슬픔으로 가득한 상처를 깊은 연민의 시선으로 응시할 뿐이다. 그러나 그가 연민의 시선으로 대상을 바라보는 것은 결코 패배자이기 때문이 아니다. 그렇기 때문에 그에게 "뒤란"은 "낡거나 상처받은 것들의/아늑한 정원"과 같은 공간으로 남게 되는 것이다. 그가 관심을 기울이고 있는 사회적인 발언과는 별개로 시인은 개인사에 대한 상처의 이야기를 처연하게 풀어놓는다. 박후기의 시에서 사회적인 발언이 외부를 지향하는 것이라면 상처를 보듬는 것은 내부를 지향하는 것이다. 그러나 이 두 가지 발화 방식은 결국 부조리한 세계를 근간으로 하고 있다는 점에서 동일한 세계를 지향하는 것이라고 볼 수도 있다.

> 눈물이 담겨 얼어붙은 빈 술병 위로
> 힘없이 굴뚝이 쓰러졌고
> 때늦은 징집영장과 함께
> 뒤란에도 봄이 찾아왔다
> 울타리 아래 버려진 자루 속에서
> 썩은 감자들은 싹을 틔웠고
> 나는 캄캄한 굴뚝 속으로
> 천천히 걸어 들어갔다

박후기의 「뒤란의 봄」은 감성적 경계의 아슬아슬한 지점에서 독자들의 감성을 자극한다. 그러나 시인은 아버지의 죽음과 가계의 몰락을 보이저2호와 결합함으로써 그러한 감성적 경계의 아슬아슬함을 극복한다. 보이저2호의 아득함으로 인해 시인의 감정은 대상으로부터 일정한 거리를 유지할 수 있게 된다.

하지만 보이저2호와의 거리만큼 아득해졌다고 어떻게 그날의 상처를 잊을 수 있겠는가. 그래서 시인은 썩은 감자가 싹을 틔웠건만 캄캄한 굴뚝 속으로, 우주와 같은 아버지의 검은 눈망울 속으로 걸어 들어가고 있는 것이다.

바닥의 이야기와 비애의 세계

—이기인의 시 「바닥에 피어 있는 바닥」—

자, 여기 바닥이 있고 바닥이 된 사람이 있다. 스러진 자의 잠은 바닥에서 그를 부둥켜안고 있다. 그리고 스러진 날과 스러진 사람의 시선은 바닥이 된 사람의 바닥을 바라보며 깊고 은밀한, 그러나 환하게 일어나는 바닥의 이야기를 들려준다.

> 스러진 자의 잠이 바닥에서 그를 부둥켜안고 있다
>
> 스러진 날이 있어서 스러진 사람이 있어서
>
> 그 바닥으로 떨어진 잠을 더 곤하게 바라보고 있다
>
> 그 바닥에 자세하게 갇혀 있는 이의 바닥을 한참 바라본다

그 바닥에 귀를 기울이면 그 바닥에서 일어나 더 깊은 바닥을 부르는

어떤 낮은 바닥의 웅성거림이 삼촌의 이야기처럼 나지막하게 들려온다

손바닥을 가져가 그곳을 어루만지고 있으면

더 낮은 바닥에서 올라오는 따뜻한 입김을 한 줌 받는다

더 낮은 바닥에서 흘러나오는 눈물을 따라서 굴러간다

더 낮은 바닥을 위로하는 더 낮은 바닥이 함께하고 있음을 느낀다

(…중략…)

바닥에서 바닥으로 굴러가며 바닥을 깨우는, 바닥을 스쳐가는 인기척

거기서 아직 살아 있다고 하는 이의 기침이

오늘 아침에도 검은 바닥에서 스러진 그의 가족을 데리고 환하게 일어난다

이기인의 「바닥에 피어 있는 바닥」은 우리가 쉽게 떠올릴 수 있는 바닥의 삶 혹은 삶의 바닥에 관한 이야기이다. 그러나 시인

은 바닥에 스러진 자의 슬픈 삶에 머물지 않고 바닥의 더 낮은 바닥에 대해 이야기한다. 또한 이때의 바닥은 시인의 건조하고 경쾌한 어투에 힘입어 '슬프디 슬픈 바닥'이라는 상투적 감정 상태를 날 것으로 드러내지 않는다. 시인의 바닥에서 우리들은 '경쾌한 비애'가 주는 색다른 감정 상태를 경험하게 된다.

바로 그와 같은 '경쾌한 비애'로 인해 이기인의 '바닥'은 흔하디흔한 바닥의 이야기이지만 흔한 상징 너머의 지점을 보여주고 있는 것이다. 그의 '경쾌한 비애'는 장난기 어린 말장난이나 코믹한 상황을 통해 드러나는 것이 아니다. 오히려 직설적일만큼 바닥의 진부한 점을 늘어놓기까지 한다. 그런데! 그의 바닥을 따라 바닥의 삶을 따라가다 보면 우리가 알고 있는 익숙한 바닥은 온데간데없이 사라지고 바닥의 더 깊은 바닥을 만나게 된다.

'바닥, 따뜻한 입김, 눈물, 위로, 뿌리, 꽃 한 송이, 꽃그늘, 돌멩이, 어둠, 빈곤, 검은 바닥, 기침, 가족, 환하게 일어남'과 같은 것들을 버무려 절제된 하나의 비애를 완성하는 시인의 시적 세계가 놀랍다.

외롭고 높고 쓸쓸한

-주영중의 시「크레인 위로 올라앉은 달빛 고양이」-

자아의 문제는 문학이 기울여 온 주요한 관심사이다. 그것은 타자와의 거리를 통하거나 자신 안의 또 다른 자아와의 거리를 통해 유폐된 자아의 모습을 드러낸다. 이때 자아는 거울과 같이 자신의 또 다른 모습이 투영되는 장치를 통해 드러나거나 격리되고 단절된 공간을 통해 분리되기 마련이다. 물론 거울을 통해 투영되는 자아는 자신의 모습과 똑같은 것이지만 나의 실체와 분리된 것이기 때문에 하나의 합일된 세계가 될 수는 없는 것이다. 그런 점에서 거울을 통한 투영 역시 격리되고 단절된 세계에 다름 아니다. 그것은 타자와의 관계에 있어서도 마찬가지인데 타자와 객관적인 거리를 유지하거나 타자와 철저하게 분리됨으로써 격리된 자아의 세계를 드러낸다.

자아의 문제를 다룬 작품은 언제나 있어왔지만 근래에 이르러 더욱 활발히 발표되고 있다. 그것은 아마도 문학이 복무할 수 있는 현실적 발언의 폭이 점점 협소해지는 것과 무관하지 않을 것이다. 문학을 통해 드러나는 세계는 점점 우리의 내면을 지향하게 되었다. 문학을 둘러싼 현실에 대한 문학적 발언이 약화된 것이 최근의 일은 아니지만 아날로그 시대를 지나 디지털 시대에 이르러 맞닥뜨린 것은 문학을 둘러싼 외연에 대한 것이 아니라 우리의 내면을 지향하는 것이다.

주영중의 「크레인 위에 올라앉은 달빛 고양이」에는 "중절모를 쓴 사내"와 "옅은 분홍 원피스에 챙 넓은 모자를 쓴 여자"와 "술에 취한 냉랭한 고양이들"이 등장한다. 남자는 "크레인 위의 흰 빛을 챙으로 가리고 있"으며 "나로부터 멀어지고" 있다. 여자 역시 "챙 넓은 모자"를 쓰고 있는데 그녀가 서 있는 곳은 "먹빛 톤의 우울한 모퉁이"이다. 그런데 그녀가 "경계를 돌아서자" "낯선 손이" 그녀의 "얼굴을 만진다".

주영중이 드러내는 남자와 여자의 모습은 또 다른 자아와 타자와의 관계 속에 유폐된 인물이다. 그래서 남자의 '옆구리'에서는 '어둠'이 흘러나오고 여자의 '귓속'으로는 '어둠'이 스며든다. 남자와 여자는 모두 어둠이라는 공간 속에 있는 존재이며 그 어둠은 "무거운 고래의 눈꺼풀"과 "몽롱한 섬"과 연결된 것이다. 따라서 어둠 속의 남자와 여자라는 자아는 또 다른 자아나 타자와 소통할 수 없는 존재이다.

주영중이 드러내고자 하는 세계는 그래서 소통의 부재이며 그러한 소통의 부재는 "난 나로부터 멀어지고 있다"거나 "경계를 돌아서자/낯선 손이 얼굴을 만진다"와 같은 구절을 통해 명백해진다. 그리고 드러나는 도시의 풍광은 유폐된 자아와 맞닿아 있는 것이다. 남자와 여자의 유폐된 자아는 공중과 지상의 쓸쓸한 거리를 통해 견고하게 구축된다. 「크레인 위에 올라앉은 달빛 고양이」는 '빌딩, 바람, 달빛, 어두운 스카이라인, 빌딩 사이에 뜬 달'이라는 공중의 모습과 '검은 아침이라는 창이 넓은 카페, 타들어가는 담배꽁초, 거친 표면을 가진 거리, 골목, 순찰차의 마이크소리, 고양이, 거리의 균열' 등의 지상의 모습을 통해 남자와 여자가 드러내는 유폐된 자아의 쓸쓸한 정서를 강화한다.

「크레인 위에 올라앉은 달빛 고양이」가 드러내는 유폐된 공간은 그래서 남자와 여자의 내부로부터 출발하여 공중과 지상이라는 외부를 통해 확실해진다. 그러나 남자와 여자의 내면과 도시의 외연을 통해 드러나는 이미지가 조금 더 유기적으로 연결되었으면 하는 생각이 든다. 이 시의 이미지가 유기적으로 연결되었을 때, 시어의 원형과 상징이 좀 더 매력적으로 다가설 것이다. 물론 영상조립시점을 통해 드러나는 작품이기 때문에 파편화된 이미지의 나열이 시인의 의도를 드러내는 데 효과적임은 분명하지만 이미지의 유기적인 소통은 필요해 보인다. 또한 「크레인 위에 올라앉은 달빛 고양이」가 유폐된 자아의 모습과 적절한 거리를 드러내는 것과는 별개로 시적 화자와 시인의 정서가 밀착되어 있는 것은 아닌가 하는 아쉬움도 남는다.

하지만 「크레인 위에 올라앉은 달빛 고양이」는 시인이 하고자 하는 말을 일관된 구조 안에 적절하게 드러냈다는 점에서 의미가 있다. 또한 시인이 보여주는 유연한 상상력은 다양한 지점의 다양한 정서를 환기시킨다. 그렇기 때문에 시인이 드러내는 감상적인 분위기의 공간조차 새로운 느낌의 공간을 창조해 낸다. 남자와 여자를 둘러싼 외부의 공간은 남자와 여자의 유폐된 자아처럼 '균열'을 만드는 곳이며 "진흙이 말라 갈라진 것처럼/얼굴과 손과 거리가 조각조각 갈라진 채 들뜨고 있"는 것이다. 결국 주영중이 말하고자 했던 남자와 여자 그리고 고양이와 도시의 모습은 이처럼 낱낱이 갈라진 세계인 것이다. 외롭고 높고 쓸쓸한 곳을 지향하는 주영중의 「크레인 위에 올라앉은 달빛 고양이」는 낱낱이 갈라진 세계를 드러냄으로써 유폐된 지점의 섬뜩한 풍광을 효과적으로 전달하고 있다.

뭇별이 총총 모래알이 반짝

-배영옥 시집 『뭇별이 총총』[1]-

배영옥의 시는 대상과 정황을 바라보는 시인의 감각을 절제함으로써 정적인 정서를 유발시킨다. 이때 시인의 사유는 절제된 감각 위에서 흐트러짐 없는 정황을 제시하게 되는데, 이와 같은 태도는 시인이 발견한 시적 정황의 의미에 깊이를 더하는 긍정적인 결과를 가져온다. 『뭇별이 총총』에서 시인은 줄곧 하나의 대상이나 사건에 집중하고는 한다. 그러나 이렇게 집중하여 바라본 것들은 이미지나 정서의 과잉 상태에 놓이지 않고 동양화의 여백과 같은 사유의 공간을 확보하게 된다. 배영옥 시인의 시가 주는 정적인 정서의 근원은 이러한 비움이 주는 단정함으로부터 비롯된다. 하지만 그의 시가 정적인 여백의 정서를 드러낸다고 해서, 서정의 영역이 만들어내는 보편적인 세계를 재현하는 것은

1) 배영옥, 『뭇별이 총총』, 실천문학사, 2011.

아니다. 그의 시는 오히려 '죽음'과 같은 비극의 정서 안으로 잠입하거나, 시적 대상이 주는 사유의 근원을 찾아 헤맨다.

붉은 알집들,
눈동자가 젖어들고 있다
방울토마토가 플라스틱 접시 위에 놓여 있다 탱탱하게
부풀어 있다
붉게 타오르고 있다
상 위에 접시 위에 네 눈동자 위에 놓여 있다

—「상가(喪家)에서」 부분

골짜기에 겨울이 오고 가고 백 년 만에 폭설이 내렸지만 기차는 돌아오지 않았다 오직 죽은 자들만이 기차를 그리워할 뿐이었다

—「먹구렁이가 담장을 넘던 날」 부분

배영옥의 시 모두가 이와 같은 어조를 보여주고 있는 것은 아니지만, 그의 시에 드러나는 이러한 어조와 정서는 시인이 발견한 것들에 대해 깊이 있는 울림을 만들어낸다. 이러한 시인의 태도로 인해 배영옥의 시는 끊임없이 의미를 탐구한다는 인상을 주게 된다. 『뭇별이 총총』에 등장하는 시인의 시선은 모두 자신의 삶과 가까이 있는 지점을 바라보지만 시인과 시적 화자는 동일한 느낌을 자아내지 않는다. 그것은 마치 분리되어 있다는 느낌을 주게 되는데 그 이유는 배영옥의 시에 등장하는 이야기는 시인의 것이지만 시의 화자는 숨겨져 있기 때문이다.

숨은 화자는 드러난 화자에 비해 시에 나타난 감정과 사건을 객관화시킨다. 설령 그것이 시인 자신의 이야기라고 할지라도 화

자가 숨겨짐으로 인하여 시적 주체인 화자 혹은 시인 자신은 시가 전달하는 감정의 이면으로 물러서게 된다. 배영옥의 시가 정적인 정서와 어둡고 무거운 느낌을 드러내는 중요한 장치 중의 하나가 바로 숨겨진 화자 때문인 것이다. 그는 숨겨진 화자를 통해 대상을 관찰하고 드러냄으로써 잘못된 진술이 저지르기 쉬운 해석의 오류를 범하지 않게 한다. 그러나 때로 숨겨진 화자가 지나치게 시적 대상과의 거리를 유지함으로써 시적 대상에 대해 기계적인 태도를 보여준다는 점은 좀 더 고민을 해보아야 할 것이다. 그리고 배영옥 시인이 선택한 시적 정황이 지배적인 것인가에 대한 점과, 그의 진술이 자의적 해석에 다소 가까이 간 것은 아닌가에 대해서도 다시 한 번 검토를 해야 할 것이다.

움직임이 정지된 복사기 속을 들여다본다
사각형의 투명한 내부는 저마다의
어둠을 껴안고 단단히 굳어 있다
숙면에 든 저 어둠을 깨우려면 먼저 전원 플러그를
연결하고 감전되어 흐르는 열기를 기다려야 한다
예열되는 시간의 만만찮음을 견딜 수 있어야 한다
불덩이처럼 내 온몸이 달아오를 때
가벼운 손가락의 터치에 몸을 맡기면
가로세로 빛살 무늬, 스스로 환하게 빛을 발한다
복사기에서 새어 나온 불빛이 내 얼굴을 핥고 지나가고
시린 가슴을 훑고 뜨겁게 아랫도리를 스치면
똑같은 내용의 내가 쏟아져 나온다
숨겨져 있던 생각들이, 내 삶의 그림자가 가볍게 가볍게
프린트되고, 내 몸무게가, 내 발자국이

납작하고 뚜렷하게 복사기 속에서 빠져나온다
수십 장으로 복제된 내 꿈과 상처의 빛깔들이
말라버린 사루비아처럼 바스락거린다
살아서 꿈틀거리는 어떤 삶도 다시 재생할 수 있으리
깊고 환한 상처의 복사기 앞을 지나치면
누군가 나를 읽고 있는 소리,

—「누군가 나를 읽고 있다」 전문

그런 점에서 「누군가 나를 읽고 있다」는 여러모로 의미 있는 작품이다. 대상에 대한 관찰은 물론이거니와 관찰한 대상을 통해 의미를 확보하는 점 역시 빼어나다. 아울러 시인의 사유가 해석적 인식을 통해 상투적 인식 너머의 세계를 보여주었다는 점 역시 긍정적이다. 이와 같은 장점으로 인하여 「누군가 나를 읽고 있다」는 기계적이라기보다, 언어와 의미가 조화를 이루는 입체적 느낌을 자아내게 된다.

과거로부터의 전언

-마종기의 시 「유적지의 비」-

디아스포라. 마종시 시인의 「유적지의 비」를 읽고 떠오른 말은 다름 아닌 디아스포라였다. 사라진 과거의 흔적인 유적지와 유적을 바라보는 시인의 모습에서 끊임없이 삶을 떠도는 자의 비애와 적막이 느껴졌다. 어쩌면 이 시를 읽고 디아스포라가 떠오른 것은 시인의 삶과도 무관하지 않을 것이다. 이국에서, 영원히 국외자일 수밖에 없는 시인의 삶과 유적지에 놓인 과거의 흔적은 다르지 않은 감각을 환기한다.

유적지에 비가 내리고, 시인은 유적지에 숨겨진 이야기에 귀를 기울인다. 유적지의 세세한 사연은 알 수 없지만 시인의 감각 안으로 들어온 유적지는 이내 거대한 울림을 만들어낸다. 이국의 유적 앞에서 느끼는 감정은 여행지에서 느끼는 감상적 인식에 머물지 않는다. 시인의 인식은 삶과 역사의 진정성을 통해 구체화되기 때문에 보편적인 설득력을 획득한다.

시인은 소아시아의 유적지에서 이제는 사라진 삶의 흔적을 더듬는다. 시인의 시선과 손길은 과거에 대한 진혼이며 동시에 현세의 삶에 대한 연민이다. 여행자의 객수감이 드러날 수도 있다는 점에서 감상적 인식이 노출될 여지가 많은 소재이지만 시인의 감정은 객관적 인식을 유지함으로써 삶의 진실과 미적 긴장감을 성취한다.

「유적지의 비」에서 시인이 호명하는 것은 유적지의 늙은 돌들의 이야기이다. 오래되어 늙은 돌을 중심으로 현재의 모습을 드러내고 있는데, 돌들의 이야기를 잠에서 깨운 것은 "갑자기 어디서 도착한 빗소리"이다. 갑작스런 비를 맞는 유적지를 통해 우리는 수천 년의 세월을 떠올리며 "사람도 집도 뜰도 호흡을" 멈춘 순간을 생각한다. 유적지가 지니고 있는 의미가 깊이를 확보하고 있는 것만큼 유적지를 통해 도달한 시인의 인식 역시 깊이를 담고 있다. 과거의 사라진 유적을 통해 시인의 눈은 현세의 사람과 집과 뜰의 호흡을 감지해내고, 한걸음 더 나아가 그것들이 호흡을 멈춘 진혼의 본질을 탐구한다.

이 시의 배경은 우리나라가 아니라 소아시아의 어느 들판이다. 그리고 그곳의 들판은 유적이 있기는 하지만 인공보다는 자연에 더 가까운 공간이다. 유적과 그것이 놓인 공간은 시적 주제의 외연을 확장하는 역할을 한다. 「유적지의 비」는 삶의 본질이라는 원형을 획득하게 됨으로써 유적을 둘러싼 모든 풍광은 확장된 원형을 획득하게 된다. 그런 점에서 「유적지의 비」의 공간은 이 시의 영역을 확장한다는 점에서 의미가 있다. 시의 공간을 확장함으로써 이 시는 협소한 지점에 갇히지 않고 시적 인식을 확장한다. 어조는 담담하지만 시인이 펼쳐놓은 풍광의 진폭은 무척이나 크다. 그처럼 확장된 시적 영역은 사적인 사연을 통해서는 보여줄 수 없는 깊이를 확보하게 된다.

시인은 "선잠" 속의 삶과 "은신의 몸을 털기 시작하"는 이 땅의 이야기를 하고자 한다. 그리하여 그는 잠에서 깬 돌들이 눈을 뜨는 장면을 통해 유적의 이야기와 현재의 삶을 연결한다. "혼자 있기 힘들었다고, 많이 보고 싶었다고 서로를 다독이는 모습"은 유적의 이야기이자 현재의 이야기이기도 하다. 시인이 발견해낸 장면은 과거라는 유적이지만, 시인이 결국 드러내고자 하는 말은 유적을 통해 되짚어볼 수 있는 우리의 삶인 것이다. 그래서 시인은 "믿지 못하겠지만 나도 그렇게 평생 살아왔다"고 말한다.

하지만 유적을 바라보는 시선은 오랜 세월을 견딘 유적의 것과 동일할 수는 없는 것이다. 그렇기 때문에 시인은 유적을 바라보는 이들을 관광객이라고 말한다. 시인 역시 관광객의 입장일 수밖에 없는데, 관광객이기 때문에 시인은 유적의 본질과 동일시될 수 없다. 유적의 본질 대신에 관광객은 "짜릿한 승리"만을 보거나 "패배한 죽음의 소식만"을 듣는다. 그러나 유적이 품고 있는 진실은 결코 "짜릿한 승리"나 "패배한 죽음의 소식"뿐만이 아니다. 그것들은 관광객의 입장일 수밖에 없는 우리들의 시선에 불과한 것이다. 시인은 관광객일 수밖에 없는 우리들의 시선 너머에 놓인 유적의 의미를 묻고 있다.

그러나 유적은 아무런 말도 하지 않은 채 모습을 드러낼 뿐이다. "마모된 돌들"인 유적은 그저 "다시 쉽게 잠에 빠진다". 시인은 관광객의 입장이기도 하지만 스스로 유적이 되어, 유적의 의미를 호명하고 있는 것처럼 보인다. 시인의 몸은 유적의 외부에서 유적을 바라보고 있지만 유적을 느끼고 호명하는 시인의 내면은 어느새 유적의 내부와 동일시되기 때문이다. 그러나 유적과 동일시된 시인의 시선은 유적에 가까이 있으나 유적으로부터 일정한 거리를 유지하고 있다. 그런 거리로부터 시적 감흥이 더욱 크게 발생한다. 시인은 유적의 내부와 외부의 아슬아슬한 경계에서 시적 거리가 주는 감동을 극대화하고 있다. 또한 눈앞에 펼쳐진 선명한 풍광의 사이사이에 진술을 넣음으로써 시적 인식을 드러낸다. 그러한 진술은 "나도 그렇게 살아왔다"거나 "슬프고 아련한 것만 펼쳐 있"다라고 직접적으로 표현되기도 한다. 직접적인 표현은 그러나 유적의 이미지를 배경으로 삼고 있기 때문에 직설적이기보다는 의미에 깊이를 더해주고 시에 입체감을 불러일으킨다.

자, 마종기 시인이 마련해놓은 소아시아 지방의 어느 들판에 있는 아득한 유적지로 떠나보자. 그곳에는 오랜 세월을 품고 있는 유적의 과거와 현재가 있고 시인은 유적지의 내력을 떠올리며 담담하게 삶의 역사를 반추한다. 비의 속도로 흘러가는 현세의 문명과 유적의 오래된 과거를 떠올려보자. 바로 그곳에 시인이 말하고자 했던 유적의 본질이 있다. "앞을 보면 부질없는 방랑자의 발걸음이/어둑한 저녁이 되어도 찾아갈 곳이 없"는 삶은 디아스포라의 삶과 다를 바 없다. 그리하여 그곳에는 "진혼을 위해 사람도 집도 뜰도 호흡을 멈추고/비 그친 소아시아 보름달이 몸을 떨며" 떠오르는 그런 순간이 펼쳐진다.